Die Step-by-Step-Küche

Italien

Die Step-by-Step-Küche
Italien

Parragon

Bath • New York • Singapore • Hong Kong • Cologne • Delhi
Melbourne • Amsterdam • Johannesburg • Auckland • Shenzhen

Layout: Talking Design
Fotos: Mike Cooper
Food-Styling: Lincoln Jefferson
Rezepte: Christine France
Einleitung: Linda Doeser

Realisation der deutschen Ausgabe: trans texas publishing, Köln
Übersetzung: Lisa Voges, Köln
Lektorat: Lesezeichen Verlagsdienste, Köln

ISBN 978-1-4454-3030-0
Printed in China

Hinweis

- Sofern die Schale von Zitrusfrüchten benötigt wird, verwenden Sie unbedingt unbehandelte Früchte.
- Sind Zutatenmengen in Löffeln angegeben, ist immer ein gestrichener Löffel gemeint: Ein Teelöffel entspricht 5 ml, ein Esslöffel 15 ml.
- Mit Milch ist immer fettreduzierte Milch mit einem Fettanteil von 1,5 % gemeint.
- Es sollte stets frisch gemahlener schwarzer Pfeffer verwendet werden.
- Einige Rezepte enthalten Nüsse. Allergiker sollten bei Rezepten, in denen Nüsse verarbeitet werden, die Nüsse weglassen.
- Bei Eiern und einzelnen Gemüsesorten, z. B. Kartoffeln, verwenden Sie mittelgroße Exemplare. Kleinkinder, ältere Menschen, Schwangere, Rekonvaleszenten und gesundheitlich beeinträchtigte Personen sollten Rezepte mit rohen oder nur leicht gegarten Eiern meiden.
- Die angegebenen Gar- und Zubereitungszeiten können von den tatsächlichen leicht abweichen, da je nach Zubereitungsart und Herdtyp Schwankungen auftreten können.

Inhalt

Einleitung 06
Antipasti 14
Primi piatti 66
Secondi piatti 118
Dolci 170
Register 222

Einleitung

Mit seiner nützlichen und informativen Bebilderung ist dieser schöne Band eine Bereicherung für jede Kochbuchsammlung. Die Rezepte sind einfach und leicht, toll illustriert und die Ergebnisse authentisch und einfach zum Reinbeißen. Egal also, wie viel Kocherfahrung Sie haben, der Erfolg ist quasi garantiert.

Am Anfang jedes Rezeptes finden Sie ein Foto mit allen in der Liste aufgeführten Zutaten. Anhand der Abbildungen können Sie auf einen Blick prüfen, ob Sie alle Zutaten vorbereitet haben, bevor Sie anfangen zu kochen. Bei einem Abgleich der Zutaten auf dem Foto mit jenen vor Ihnen auf der Arbeitsfläche oder dem Küchentisch können Sie sich vergewissern, dass Sie nichts vergessen haben, und beispielsweise die Petersilie, wie in der Zutatenliste angegeben, bereits gehackt zur Hand haben, wenn es das Rezept verlangt. Wenn Sie nicht genau wissen, wie dick die Tomatenscheiben oder wie groß die Auberginenwürfel sein sollen, gibt die Abbildung eine schnelle Antwort.

Die Rezepte sind in kleine Schritte unterteilt, die klar, leicht verständlich und ohne Küchenlatein beschrieben werden. Auch hier gilt: Was Sie auf dem Foto sehen, sollte auch als Resultat vor Ihnen sein. Das ist nicht nur für Anfänger überaus hilfreich; auch wenn Sie etwas mehr Erfahrung haben, schadet es nicht, gelegentlich an die kleinen Handgriffe erinnert zu werden, die man sonst schnell einmal vergisst. Am Ende jedes Rezepts finden Sie zudem ein tolles Foto mit einem Serviervorschlag für das fertige Gericht.

Die Vorteile dieses Buchs

Die italienische Küche gehört zu den besten und gesündesten der Welt. Es ist eine abwechslungsreiche Küche, die sich bei Jung und Alt gleichermaßen großer Beliebtheit erfreut und deshalb die ideale Wahl für Familiengerichte ist. Der Schlüssel zum Erfolg ist die Einfachheit der Gerichte, die mit Liebe zubereitet werden.

Im vorliegenden Buch finden Sie 60 einfache Rezepte, mit denen sich authentische italienische Gerichte problemlos zu Hause nachkochen lassen – ob für ein schnelles und einfaches Familienessen oder für ein anspruchsvolleres Essen für eine besondere Gelegenheit. Letzteres sollte mit einer Suppe oder Antipasti beginnen, gefolgt vom primo piatto (dem ersten Gang) und dem secondo piatto (dem zweiten Gang), und mit einem wundervollen italienischen Dessert, beispielsweise einer (Eis-)creme oder Gebäck, abschließen.

>1>2>3

>1 >2 >3

Tipps für gutes Gelingen

- Einfache Gerichte mit relativ wenigen Zutaten verlangen nach besten, erntefrischen Produkten. Kaufen Sie möglichst nur saisonal frische Ware aus regionalem Anbau.

- Bei Pasta, Reis und Konserven lohnt es sich in der Regel, auf italienische Marken zurückzugreifen. Italienisches Mehl Type 00 ist ideal für die Zubereitung von Pastateig; Sie können auch Weizenmehl Type 405 verwenden.

- Verwenden Sie in der Küche immer Olivenöl. Die beste Qualität ist natives Olivenöl extra („extra vergine"), das bei der ersten (Kalt-)Pressung gewonnen wird. Um die wertvollen Inhaltsstoffe zu bewahren, sollte es möglichst nicht erhitzt und vorzugsweise für Salatsaucen verwendet werden. Natives Öl stammt aus der zweiten Pressung und ist zum Kochen geeignet. Öl mit der Bezeichnung „pure" stammt aus der dritten oder vierten Pressung, ist häufig raffiniert und wärmebehandelt.

- Parmesan sollte am Stück gekauft und frisch gerieben werden. Parmesan wird auch fertig gerieben angeboten, dieser ist jedoch nicht so aromatisch.

- Während getrocknete Pasta nahezu unendlich haltbar ist, sollte das Haltbarkeitsdatum anderer Zutaten, wie Mehl, Polenta und Nüsse, häufiger kontrolliert werden. Hefe, auch getrocknete, verliert mit der Zeit ihre Triebkraft. Auch Gewürze büßen an Aroma ein. Kaufen Sie deshalb möglichst nur kleine Mengen und lagern Sie sie an einem dunklen, kühlen Platz.

- Für perfekte Pasta brauchen Sie pro 300–500 g Pasta 4 Liter Wasser und 3 Esslöffel Salz. Das Salz ist wichtig, damit die Pasta nicht zusammenklebt; die Pasta nimmt, wenn überhaupt, nur sehr wenig davon auf. Das Salzwasser in einem großen, hohen Topf zum Kochen bringen. Öl ist überflüssig. Die Pasta dazugeben, kurz umrühren und das Wasser erneut zum Kochen bringen. Die Hitze nicht zurückdrehen; das Wasser muss sprudelnd kochen. Ab hier wird die Garzeit berechnet. Als Richtlinie gilt: für nicht gefüllte getrocknete Pasta 8–12 Minuten. Für nicht gefüllte frische Pasta 2–3 Minuten. Für gefüllte getrocknete Pasta 15–20 Minuten. Für gefüllte frische Pasta 8–10 Minuten. Die Pasta in einem großen Sieb abtropfen lassen und mit einer großen Gabel oder einem Nudelheber auf Tellern anrichten. Am besten ist es, wenn die Pasta noch leicht feucht ist. Zur Garprobe ein kleines Stück Pasta mit einer Gabel abtrennen und mit den Schneidezähnen durchbeißen. Es sollte *al dente*, sprich bissfest sein. Es empfiehlt sich, die erste Garprobe vor Ende der eingestellten Kochzeit zu machen.

- Polenta bezeichnet sowohl mehr oder weniger groben, gelben Maisgrieß als auch den daraus zubereiteten Brei. Dafür 1,25 Liter Wasser in einem großen Topf zum Kochen bringen. 220 g Polenta einstreuen, dabei kräftig mit einem Holzlöffel rühren, bis sämtlicher Maisgrieß vollständig eingearbeitet ist. In Italien wird Polenta noch traditionell bei sehr geringer Hitze unter ständigem Rühren ganz langsam 40–45 Minuten gekocht, bis ein fester Brei entstanden ist. Hierzulande ist Polenta fast ausschließlich vorgegart, als Instantprodukt, erhältlich, sodass man sie nur noch 10–15 Minuten garen muss.

>4>5>6

Tipps zum Zeitsparen

> Nehmen Sie sich Zeit zum Kochen. Die Italiener lieben das Kochen fast genau so wie das Essen. So erfordert die Zubereitung einiger Gerichte, insbesondere Risotto, ununterbrochene Aufmerksamkeit. Dennoch gibt es ein paar Tricks:

> Um Knoblauchzehen leichter abzuziehen, erst mit der flachen Seite eines großen Kochmessers leicht daraufdrücken, sodass die Schale aufspringt.

> Getrocknete Tomaten, Prosciutto, Pancetta, Sardellenfilets, entsteinte Oliven und frische Kräuter lassen sich mit der Küchenschere einfach zerkleinern.

> Kräuter wie Basilikum sollten wie grüner Salat eher von Hand zerpflückt als mit dem Messer geschnitten werden.

> Zum Häuten von Tomaten, Pfirsichen und Nektarinen die Schale kreuzweise einschneiden. Die Früchte in eine Schüssel geben, mit kochendem Wasser überbrühen und 30–60 Sekunden stehen lassen. Dann gut abtropfen lassen. Nun lässt sich die Haut leicht abziehen.

> Zum Häuten von Paprika die Schoten auf ein Backblech legen und unter dem vorgeheizten Backofengrill 10–15 Minuten grillen. Wenn die Haut dunkel wird, die Paprika in einen großen Gefrierbeutel geben und diesen verschließen. Abkühlen lassen und die Haut abziehen.

> Eine Vinaigrette lässt sich schneller herstellen, wenn man die Zutaten in ein Schraubglas füllt, dieses verschließt und kräftig schüttelt.

> Frische Semmelbrösel lassen sich schneller herstellen, wenn man die Brotscheiben entrindet, grob zerrupft und bei laufendem Motor in den Mixer oder in die Küchenmaschine gibt.

> Wenn Gerichte im Ofen oder unter dem Grill zubereitet werden, den Backofen oder Backofengrill rechtzeitig auf die angegebene Temperatur vorheizen. Je nach Ofenmodell kann dies bis zu 15 Minuten dauern.

Küchenhelfer

> **Töpfe:** Ein kleines Sortiment guter Töpfe mit dicht aufliegendem Deckel ist eine lohnende Anschaffung, zumal sie bei richtiger Pflege eine sehr lange Lebensdauer haben. Unterschiedliche Größen sorgen dafür, dass Sie für jede Zutatenmenge den richtigen Topf haben. Zum Pastakochen benötigt man reichlich Wasser, also einen großen Topf, damit die Pasta nicht zusammenklebt. Mittelgroße und kleine Töpfe sind ideal für Gemüse und Saucen. In einem zu großen Topf besteht die Gefahr, dass das Gargut anbrennt, in einem zu kleinen Topf garen die Zutaten nicht gleichmäßig. Das Topfmaterial ist abhängig vom Herdtyp und persönlichen Vorlieben.

> **Pastatopf:** Ein großer Topf mit Siebeinsatz, in dem die Pasta gekocht und danach einfach abgetropft werden kann. Nur dann eine lohnende Investition, wenn Sie oft Pasta kochen.

> **Durchschlag:** Unverzichtbar zum Abtropfen von Pasta und zum Einsalzen von Gemüse wie Auberginen. Der Durchschlag sollte einen Durchmesser von mindestens 28 cm und einen stabilen Stand haben. Zwei Henkelgriffe sorgen für leichtes und sicheres Anheben. In unterschiedlichen Materialien erhältlich.

> **Pfannen:** Falls Sie nur eine Pfanne anschaffen wollen, sollte es eine mit großem Durchmesser und schwerem Boden sein. Kleinere Pfannen sind eine nützliche Zusatzausstattung für Croûtons, Omeletts oder Fischfilets.

> **Messer:** Stabile, scharfe Messer sind unverzichtbar. Zur Grundausstattung gehören ein Parier-, ein Gemüse-, ein Küchen- sowie ein großes Kochmesser. Messer sollten immer scharf sein und bei Bedarf geschliffen werden. Scharfe Messer sind sicherer in der Anwendung, da beim Schneiden weniger Druck ausgeübt werden muss.

> **Rührschüsseln:** Ein Satz unterschiedlich großer Schüsseln ist überaus praktisch, z. B. werden kleine Schüsseln und Schalen zum Bereithalten von vorbereiteten Zutaten gebraucht; mittlere Schüsseln zum Verquirlen von Eiern und große Schüsseln zum Teigkneten. Für ein Wasserbad, z. B. zum Schokoladeschmelzen, sollten Sie auch Hitze beständige Schüsseln und Schalen haben.

> **Nudelmaschine:** Wenn Sie häufig Pasta zubereiten, ist dieses Gerät sehr hilfreich zum Ausrollen des Teiges. Es gibt sowohl hand- als auch motorbetriebene Maschinen, die aber nach demselben Prinzip funktionieren. Dazu den Teig in 6 Portionen schneiden. Die Stücke, die aktuell nicht verarbeitet werden, in Frischhaltefolie wickeln, damit sie nicht austrocknen. Ein Teigstück flach drücken, die beiden äußeren Drittel über die Mitte falten und mit der Längsseite, zunächst in der weitesten Einstellung, durch die Walze drehen. Das Falten und Rollen 3–4 Mal wiederholen. Dann den Teigstreifen auf ein sauberes Tuch legen. Die restlichen Teigstücke auf dieselbe Weise bearbeiten. Die Walze nun auf die nächstkleinere Stufe stellen und alle Teigstreifen nacheinander ohne Falten durchdrehen. So fortfahren und dabei die Walze immer eine Stufe enger stellen, bis die kleinste Einstellung erreicht ist. Lassen Sie keine Stufe aus!

>4>5>6

> **Teigrolle und -brett:** Man braucht nicht unbedingt eine Nudelmaschine zum Teigausrollen. Es gelingt auch mit einer Teigrolle. Im Gegensatz zu Mürbeteig mag Nudelteig keine Kühlung, weshalb sich eine Teigrolle und ein großes Brett aus Holz empfehlen. Um zu verhindern, dass der Teig klebt, sollte man Arbeitsfläche und Geräte mit Mehl oder feinem Weizengrieß bestäuben (die Pasta schmeckt dann weniger mehlig). Der Teig muss zunächst wie unter dem Absatz „Nudelmaschine" beschrieben gefaltet und gerollt und anschließend dünn und gleichmäßig ausgerollt werden. Teigräder mit Schneiderädchen für Nudeln sind in unterschiedlichen Breiten erhältlich.

> **Ravioliform:** Metall-, Holz- oder Kunststoffform mit quadratischen Vertiefungen und gezackten Rändern. Damit lassen sich auf einfache Weise gleich große und gut verschlossene Ravioli herstellen.

> **Ravioliausstecher:** Gleicht einem Plätzchenausstecher mit Griff, mit dem sich größere Ravioli einfach aus dem Teig ausstechen lassen.

> **Teigrad:** Spezieller Teigschneider, mit dem sich Nudelteig exakt schneiden lässt. Bei manchen Modellen kann man glatte oder gezackte Teigräder einsetzen.

> **Mörser und Stößel:** Nützlich zum Zerdrücken, Zerstoßen und feinem oder grobem Zermahlen von Zutaten wie Nüssen. Traditionell zur Herstellung von Pesto verwendet.

> **Haarsieb:** Engmaschiges Sieb zum Sieben von Mehl, Abtropfen von Gemüse, Passieren von Saucen und zum Bestäuben von Gerichten mit Kakao oder Puderzucker. Für säurehaltige Lebensmittel wie Fruchtpürees empfiehlt sich ein Kunststoffsieb.

> **Reiben:** Eine Mehrkantreibe mit unterschiedlich strukturierten Reibflächen ist ein vielseitiger Küchenhelfer. Sie hat einen stabilen Stand und ist einfach zu bedienen, braucht aber relativ viel Stauraum und ist manchmal mühsam zu reinigen. Eine Kurbelreibe ist sehr sicher und wird üblicherweise mit verschiedenen Reibeeinsätzen angeboten. Sie ist bestens geeignet für Parmesan oder Schokolade. Flachreiben haben meist nur eine Reibfläche, aber auch hier gibt es Modelle mit austauschbaren Einsätzen.

>1

>2

>3

Antipasti

Schinken-Salami-Salat mit Feigen

Für 6 Personen

Zutaten
6 vollreife Feigen
6 feine Scheiben Parmaschinken
12 feine Scheiben Salami
1 kleines Bund frisches Basilikum, Blätter abgezupft
einige frische Minzeblätter
1 Handvoll Rucola
2 EL Zitronensaft
4 EL natives Olivenöl extra
Salz und Pfeffer

>1 Die Feigenstiele kurz über dem Ansatz abtrennen. Die Feigen vierteln.

>2 Schinken und Salami auf einer großen Servierplatte anrichten.

>3 Kräuter und Rucola waschen und mit den Feigen in eine Schüssel geben.

>4 Zitronensaft und Öl in einer Schale verrühren. Kräftig mit Salz und Pfeffer abschmecken.

>5 Kräuter, Rucola und Feigen mit der Vinaigrette beträufeln und vorsichtig vermengen.

>6 Die Feigen-Rucola-Mischung auf den Schinken- und Salamischeiben verteilen.

Sofort servieren.

Bruschetta mit Pilzen

Für 4 Personen

Zutaten

4 Scheiben Landbrot z. B. Ciabatta
3 Knoblauchzehen, 1 halbiert und 2 fein gehackt
3 EL natives Olivenöl extra
250 g gemischte Pilze z. B. Steinpilze, Pfifferlinge und braune Champignons
2 EL Butter
1 kleine Zwiebel, fein gehackt
4 EL Weißwein
Salz und Pfeffer
2 EL grob gehackte glatte Petersilie, zum Garnieren

>1 Den Backofengrill vorheizen und die Brotscheiben von beiden Seiten rösten.

>2 Die Brotscheiben mit den Knoblauchhälften einreiben und mit 2 Esslöffeln Öl beträufeln. Warm halten.

>3 Die Pilze mit einer Pilzbürste putzen. Große Exemplare in Stücke schneiden.

>4 Das restliche Öl mit der Hälfte der Butter in einer Pfanne erhitzen. Die Pilze darin bei mittlerer Hitze 3–4 Minuten unter Rühren weich dünsten. Mit einem Schaumlöffel herausnehmen und warm halten.

>5 Die restliche Butter in der Pfanne zerlassen. Zwiebel und gehackten Knoblauch darin unter Rühren 3–4 Minuten weich dünsten. Mit dem Wein ablöschen und 2–3 Minuten einkochen.

>6 Die Pilze wieder in die Pfanne geben und erhitzen. Die Sauce sollte leicht andicken. Salzen und pfeffern.

Die Pilze auf den gerösteten Brotscheiben anrichten, mit Petersilie garnieren und sofort servieren.

Frische Tomatensuppe mit Pasta

Für 4 Personen

Zutaten
1 EL Olivenöl
4 große Eiertomaten
1 Zwiebel, geviertelt
1 Knoblauchzehe, in Scheiben
1 Selleriestange, in kleinen Stücken
500 ml Hühnerbrühe
50 g Suppennudeln
Salz und Pfeffer
frisch gehackte glatte Petersilie, zum Garnieren

>1 Das Öl in einem großen Topf erwärmen. Tomaten, Zwiebel, Knoblauch und Sellerie zufügen. Das Gemüse bei geschlossenem Deckel und geringer Hitze unter gelegentlichem Rütteln 45 Minuten weich dünsten.

>2 Die Mischung in den Mixer oder die Küchenmaschine füllen und glatt pürieren.

Die Suppe in Servierteller füllen, mit Petersilie garnieren und sofort servieren.

>3 Das Püree durch ein Haarsieb in einen sauberen Topf streichen.

>4 Die Brühe zugießen und zum Kochen bringen. Die Pasta darin 8–10 Minuten al dente kochen. Mit Salz und Pfeffer abschmecken.

Weiß-grüner Bohnensalat

Für 4 Personen

Zutaten

125 g getrocknete Cannellini-Bohnen, über Nacht eingeweicht und abgetropft
250 g grüne Bohnen, geputzt
¼ rote Zwiebel, in feinen Streifen
12 entsteinte schwarze Oliven
1 EL frische Schnittlauchröllchen

Vinaigrette

½ EL Zitronensaft
½ TL Dijon-Senf
6 EL natives Olivenöl extra
Salz und Pfeffer

>1 Die Cannellini-Bohnen in einen großen Topf geben. Mit kaltem Wasser bedecken und zum Kochen bringen. 15 Minuten kochen lassen, die Hitze reduzieren und weitere 30 Minuten köcheln, bis die Bohnen weich sind. Abtropfen lassen und beiseitestellen.

>2 Nun die grünen Bohnen in einen großen Topf mit kochendem Wasser geben und 4 Minuten bissfest garen. Abtropfen lassen und beiseitestellen.

>3 Für die Vinaigrette Zitronensaft, Senf und Öl verrühren. Mit Salz und Pfeffer abschmecken.

>4 Die noch warmen weißen und grünen Bohnen auf einer Servierplatte mischen.

>5 Zwiebeln, Oliven und Schnittlauch darüber verteilen.

>6 Die Vinaigrette nochmals kurz durchrühren und den Salat damit beträufeln.

Zimmerwarm servieren.

Gratinierte Muscheln mit Parmesan & Petersilie

Für 4 Personen

Zutaten

1 kg Miesmuscheln
2 EL Olivenöl
2 Schalotten, fein gehackt
1 Knoblauchzehe, zerdrückt
4 EL trockener Weißwein
60 g frische weiße Semmelbrösel
fein abgeriebene Schale von 1 Zitrone
3 EL frisch gehackte glatte Petersilie
25 g frisch geriebener Parmesan
Salz und Pfeffer

>1 Den Backofengrill vorheizen. Die Muscheln abbürsten und die Bärte entfernen. Beschädigte Muscheln oder Exemplare, die sich beim Antippen nicht sofort schließen, aussortieren.

>2 Die Hälfte des Öls in einem Topf erhitzen. Schalotten und Knoblauch darin 2–3 Minuten dünsten. Muscheln und Wein zufügen und bei geschlossenem Deckel unter Rütteln 2–3 Minuten dünsten, bis sich die Muscheln geöffnet haben.

>3 Muscheln, die nicht aufgegangen sind, aussortieren. Die Muscheln abgießen und den Sud dabei auffangen. Leere Schalen entfernen. Falls nötig, den Sud auf etwa 3 Esslöffel einkochen.

>4 Semmelbrösel, Zitronenschale, Petersilie, Parmesan und Sud vermengen. Mit Salz und Pfeffer würzen.

>5 Die Muscheln nebeneinander in eine Auflaufform setzen und die Semmelbröselmischung darauf verteilen.

>6 Mit dem restlichen Öl beträufeln und unter dem Grill 2–3 Minuten gratinieren.

Auf einem großen Servierteller
anrichten und sofort servieren.

Insalata Caprese

Für 4 Personen

Zutaten
300 g Mozzarella, abgetropft
8 Eiertomaten
20 frische Basilikumblätter
100 ml natives Olivenöl extra
Salz und Pfeffer

>1 Den Mozzarella in dünne Scheiben schneiden.

>2 Die Tomaten ebenfalls in Scheiben schneiden.

Sofort servieren.

>3 Käse und Tomaten auf 4 Serviertellern anrichten und mit Salz würzen. An einem kühlen Ort 30 Minuten ziehen lassen.

>4 Die Basilikumblätter auf den Tellern verteilen. Mit Pfeffer würzen und mit Öl beträufeln.

Geröstete Paprika & Tomaten

Für 4 Personen

Zutaten
2 rote Paprika
2 gelbe Paprika
2 orangefarbene Paprika
4 Tomaten, halbiert
1 EL Olivenöl
3 Knoblauchzehen, gehackt
1 Zwiebel, in Ringen
2 EL frisch gehackter Thymian
Salz und Pfeffer

>1 Den Backofengrill vorheizen. Alle Paprikaschoten halbieren und entkernen.

>2 Die Paprikahälften mit der Schnittseite nach unten auf zwei Backbleche legen und etwa 10 Minuten unter dem Grill rösten.

>3 Die Tomatenhälften mit der Schnittseite nach unten dazulegen und weitere 5 Minuten rösten, bis die Haut von Paprika und Tomaten dunkel wird und Blasen wirft.

>4 Die Paprikahälften in einen Plastikbeutel füllen, verschließen und 10 Minuten schwitzen lassen. Danach lässt sich die Haut einfach abziehen.

>5 Die Tomaten häuten und das Fruchtfleisch hacken.

>6 Die Paprika häuten und das Fruchtfleisch in feine Streifen schneiden.

>7 Das Öl in einer großen Pfanne erhitzen. Knoblauch und Zwiebelringe darin unter gelegentlichem Rühren 3–4 Minuten weich dünsten.

>8 Paprika und Tomaten zugeben und 5 Minuten garen. Den Thymian unterrühren. Mit Salz und Pfeffer abschmecken.

Auf Serviertellern anrichten. Warm oder kalt servieren.

Traditionelle Minestrone

Für 6 Personen

Zutaten

250 g getrocknete Cannellini-Bohnen, über Nacht eingeweicht und abgetropft
3 EL Olivenöl
2 rote Zwiebeln, grob zerkleinert
4 Karotten, in Scheiben
4 Selleriestangen, in Stücke geschnitten
4 Knoblauchzehen, grob gehackt
650 ml Gemüsebrühe
400 g gehackte Tomaten aus der Dose
2 EL frisch gehackte glatte Petersilie
500 g Cavolo nero oder Wirsing, in feinen Streifen
1 kleine Ciabatta vom Vortag, zerpflückt
Salz und Pfeffer
natives Olivenöl extra, zum Servieren

>1 Die Bohnen in einen großen Topf geben. Mit kaltem Wasser bedecken und zum Kochen bringen. Den Schaum von der Oberfläche abschöpfen. Die Hitze reduzieren und die Bohnen etwa 30 Minuten köcheln, bis sie weich sind.

>2 In der Zwischenzeit das Olivenöl in einem Topf erhitzen. Zwiebeln, Karotten und Sellerie darin bei mittlerer Hitze 10–15 Minuten weich dünsten. Den Knoblauch untermischen und weitere 1–2 Minuten garen.

>3 Die Bohnen abgießen, den Sud auffangen. Die Hälfte der Bohnen zum Gemüse geben. Brühe, Tomaten und Petersilie untermischen. Mit Salz und Pfeffer würzen.

>4 Die Suppe zum Köcheln bringen und 30 Minuten köcheln. Den Kohl zugeben und alles weitere 15 Minuten garen.

>5 Die restlichen Bohnen im Mixer oder in der Küchenmaschine mit etwas Bohnenwasser zu einem glatten Püree verarbeiten. In die Suppe rühren.

>6 Die Brotstücke in die Suppe rühren. Die Minestrone sollte dickflüssig sein, falls sie jedoch zu dick ist, etwas Bohnenwasser einrühren.

Die Minestrone in vorgewärmte Suppenteller füllen. Mit etwas nativem Olivenöl beträufeln und sofort servieren.

Zucchini-Frittata

Für 4–6 Personen

Zutaten
1 rote Zwiebel
4 Zucchini
3 EL Olivenöl
1 Knoblauchzehe, fein gehackt
5 Eier (Größe L)
4 EL frisch gehackte glatte Petersilie
Salz und Pfeffer

>1 Den Backofengrill vorheizen. Die Zwiebel in feine Scheiben und die Zucchini in 1 cm dicke Stücke schneiden.

>2 Das Öl in einer Pfanne erhitzen. Zwiebel, Zucchini und Knoblauch darin bei geringer Hitze unter gelegentlichem Rühren weich dünsten.

Die Frittata in Stücke schneiden.
Warm oder kalt servieren.

>3 Eier, Salz, Pfeffer und Petersilie verquirlen. Die Mischung über die Zucchini in die Pfanne gießen. Bei geringer Hitze garen, bis die Eier fast gestockt sind.

>4 Die Frittata unter dem Grill zu Ende garen, bis die Oberfläche fest ist.

Crostini Florentiner Art

Für 6 Personen

Zutaten

6 Scheiben Ciabatta
2 Knoblauchzehen
(1 halbiert, 1 zerdrückt)
2 EL natives Olivenöl extra
3 EL Olivenöl
1 Zwiebel, gehackt
1 Selleriestange, in kleine Stücke geschnitten
1 Karotte, in kleine Stücke geschnitten
125 g Hühnerleber
125 g Kalbs-, Lamm- oder Schweineleber
150 ml Rotwein
1 EL Tomatenmark
2 EL frisch gehackte glatte Petersilie
3–4 eingelegte Sardellenfilets, abgetropft und fein gehackt
2 EL Wasser
2–3 EL Butter
1 EL Kapern
Salz und Pfeffer

>1 Den Backofengrill vorheizen und die Brotscheiben darunter von beiden Seiten rösten.

>2 Die Brotscheiben mit den Knoblauchhälften einreiben und mit dem nativen Olivenöl beträufeln. Auf ein Backblech legen und warm halten.

>3 Das Olivenöl in einem Topf erhitzen. Zwiebel, Sellerie, Karotte und zerdrückten Knoblauch darin bei geringer Hitze 4–5 Minuten dünsten, bis die Zwiebel weich ist.

>4 In der Zwischenzeit die Lebern abspülen und trocken tupfen. In Streifen schneiden.

>5 Die Lebern in den Topf geben und einige Minuten rundum anbraten. Mit der Hälfte des Rotweins ablöschen und diesen fast vollständig verkochen lassen.

>6 Den restlichen Wein zugießen. Tomatenmark, die Hälfte der Petersilie, Sardellen, Wasser, etwas Salz und reichlich Pfeffer zufügen. Bei geschlossenem Deckel unter gelegentlichem Rühren 15–20 Minuten garen, bis die Masse fast trocken ist.

>7 Die Lebermischung etwas abkühlen lassen, dann im Mixer oder in der Küchenmaschine grob zerkleinern.

>8 Die Masse wieder in den Topf füllen. Butter, Kapern und die restliche Petersilie zugeben und rühren, bis die Butter geschmolzen ist. Mit Salz und Pfeffer abschmecken.

Die Lebermasse auf die Brotscheiben streichen und lauwarm servieren.

Rucola mit Parmesan & Pinienkernen

Für 4 Personen

Zutaten
2 Handvoll Rucola
1 kleine Fenchelknolle
5 EL Olivenöl
2 EL Balsamico-Essig
100 g Parmesan
50 g Pinienkerne
Salz und Pfeffer

>1 Den Rucola waschen. Welke Blätter und dicke Stiele entfernen. Den Rucola trocken tupfen und auf 4 Servierteller verteilen.

>2 Den Fenchel halbieren und in feine Streifen schneiden. Auf dem Rucola verteilen.

>3 Öl und Essig verrühren. Mit Salz und Pfeffer abschmecken. Den Salat mit der Vinaigrette beträufeln.

>4 Den Parmesan mithilfe eines Sparschälers in feine Späne schneiden.

>5 Die Pinienkerne in einer Pfanne trocken rösten, bis sie goldbraun sind.

>6 Den Salat mit Parmesanspänen und Pinienkernen garnieren.

Sofort servieren.

Carpaccio vom Rind

Für 4 Personen

Zutaten

200 g Rinderfilet
2 EL Zitronensaft
4 EL natives Olivenöl extra
50 g Parmesan, in feinen Spänen
4 EL frisch gehackte glatte Petersilie
Salz und Pfeffer
halbierte Zitronenscheiben, zum Garnieren
Ciabatta, zum Servieren

>1 Das Filet 30 Minuten ins Gefrierfach legen. Herausnehmen und mit einem scharfen Messer gegen die Faser in hauchdünne Scheiben schneiden und auf 4 Serviertellern anrichten.

>2 Den Zitronensaft mit dem Öl verrühren. Mit Salz und Pfeffer würzen.

Mit den Zitronenscheiben garnieren
und mit dem Ciabatta servieren.

>3 Das Fleisch mit dem Dressing beträufeln. Die Teller mit Frischhaltefolie abdecken und die Scheiben10–15 Minuten marinieren.

>4 Die Frischhaltefolie entfernen. Die Parmesanspäne in der Tellermitte anrichten und alles mit Petersilie bestreuen.

Kartoffelsuppe mit Pesto

Für 4 Personen

Zutaten
500 g mehlig kochende Kartoffeln
3 Scheiben Pancetta, klein gewürfelt
2 EL Olivenöl
500 g Zwiebeln, fein gehackt
650 ml Hühnerbrühe
650 ml Milch
100 g Conchigliette
160 g Sahne
2 EL frisch gehackte glatte Petersilie
Salz und Pfeffer
frische Parmesanspäne, zum Servieren

Pesto
30 g frische glatte Petersilienblätter
2 Knoblauchzehen, gehackt
60 g Pinienkerne
2 EL frisch gehackte Basilikumblätter
50 g frisch geriebener Parmesan
160 ml Olivenöl

>1 Für das Pesto alle Zutaten im Mixer oder in der Küchenmaschine 2 Minuten zu einer Paste mixen oder von Hand mit Mörser und Stößel zerreiben.

>2 Die Kartoffeln schälen und klein würfeln.

>3 Die Pancetta in einem großen Topf bei mittlerer Hitze 4 Minuten auslassen. Öl, Kartoffeln und Zwiebeln zugeben und unter Rühren 12 Minuten garen.

>4 Mit Brühe und Milch ablöschen. Zum Kochen bringen und 10 Minuten köcheln lassen.

>5 Die Pasta zufügen und weitere 6–8 Minuten (oder nach Packungsangabe) al dente kochen.

>6 Die Sahne unterrühren und 5 Minuten köcheln lassen. Die gehackte Petersilie und 2 Esslöffel Pesto unterrühren. Mit Salz und Pfeffer abschmecken.

Die Suppe in vorgewärmte Suppenteller füllen und mit Parmesan garniert servieren. Das übrige Pesto dazu reichen.

Sardinen mit Pinienkernen & Rosinen

Für 4 Personen

Zutaten

1 kleine rote Zwiebel, in feinen Scheiben
1 EL Olivenöl
4 EL Zitronensaft
50 g Rosinen
4 EL frisch gehackte glatte Petersilie, plus etwas mehr zum Garnieren
60 g Pinienkerne, leicht geröstet, plus etwas mehr zum Garnieren
8–12 frische küchenfertige Sardinen, ohne Kopf
Salz und Pfeffer

>1 Den Backofen auf 200 °C vorheizen. Die Zwiebel mit Öl und 3 Esslöffeln Zitronensaft in einen Topf geben.

>2 Bei geringer Hitze 2–3 Minuten unter Rühren weich dünsten. Den Topf vom Herd nehmen und die Rosinen untermischen.

>3 Petersilie und Pinienkerne einrühren.

>4 Die Sardinen aufgeklappt mit der Haut nach oben auf ein Schneidebrett legen. Mit dem Daumen entlang der Wirbelsäule fahren. Die Sardinen wenden und die Wirbelsäule entfernen.

>5 Die Zwiebelmischung auf den Sardinen verteilen und diese aufrollen.

>6 Die Sardinenröllchen nebeneinander in eine flache Auflaufform legen. Salzen und pfeffern und mit dem restlichen Zitronensaft beträufeln. Etwa 10 Minuten im Ofen garen.

Mit Pinienkernen bestreuen. Warm oder kalt servieren.

Bagna cauda
Für 4 Personen

Zutaten
3 EL Butter
3 Knoblauchzehen, gehackt
6 Sardellenfilets in Salz, abgespült
160 ml Olivenöl
Rohkost, wie Paprika, Sellerie, Fenchel und Frühlingszwiebeln

>1 Die Butter mit dem Knoblauch in einen kleinen Topf geben und bei geringer Hitze rühren, bis die Butter zerlassen ist.

>2 Weitere 2 Minuten unter Rühren sanft erhitzen, bis der Knoblauch weich, aber noch nicht gebräunt ist.

Den warmen Dip zur Rohkost servieren.

>3 Sardellen und Öl zugeben und unter Rühren sanft erhitzen, bis die Sardellen auseinanderfallen und ein cremiger Dip entsteht.

>4 Das Gemüse putzen und in Streifen schneiden, dann auf einem großen Servierteller anrichten.

>1

>2

>3

Primi piatti

Tagliatelle mit Ragù

Für 4 Personen

Zutaten

4 EL Olivenöl, plus etwas mehr zum Beträufeln
100 g Pancetta, gewürfelt, ersatzweise magere Speckwürfel
1 Zwiebel, gehackt
1 Knoblauchzehe, fein gehackt
1 Karotte, klein gewürfelt
1 Selleriestange, klein gewürfelt
250 g Rinderhackfleisch
120 g Hühnerleber, gehackt
2 EL passierte Tomaten
125 ml trockener Weißwein
250 ml Rinderfond
1 EL frisch gehackter Oregano
1 Lorbeerblatt
500 g getrocknete Tagliatelle
Salz und Pfeffer
frisch geriebener Parmesan, zum Servieren

>1 Das Öl in einem großen Topf erhitzen. Die Pancetta darin bei mittlerer Hitze unter gelegentlichem Rühren 3–5 Minuten anbraten, bis sie zu bräunen beginnt.

>2 Zwiebel, Knoblauch, Karotte und Sellerie zufügen und unter gelegentlichem Rühren weitere 5 Minuten garen.

>3 Das Hackfleisch zugeben und bei starker Hitze 5 Minuten anbraten. Dabei größere Stücke mit einem Holzlöffel zerdrücken.

>4 Die Hühnerleber untermischen und unter gelegentlichem Rühren weitere 2–3 Minuten garen.

>5 Passierte Tomaten, Wein, Fond, Oregano und Lorbeerblatt zufügen. Salzen und pfeffern. Zum Kochen bringen, dann die Hitze reduzieren und bei geschlossenem Deckel 30–35 Minuten garen.

>6 In der Zwischenzeit leicht gesalzenes Wasser in einem großen Topf zum Kochen bringen und die Pasta darin 8–10 Minuten (oder nach Packungsangabe) al dente kochen.

>7 Die Pasta abtropfen lassen und in eine vorgewärmte Servierschüssel füllen. Mit etwas Öl beträufeln und darin wenden.

>8 Das Lorbeerblatt aus der Hackfleischsauce entfernen. Die Sauce über die Pasta geben und unterheben.

Mit geriebenem Parmesan bestreuen
und sofort servieren.

Safran-Risotto mit Hühnchen

Für 4 Personen

Zutaten
180 g Butter
1 kg Hähnchenbrustfilets, in feinen Streifen
1 große Zwiebel, gehackt
550 g Risotto-Reis
160 ml Weißwein
einige Fäden Safran, zerdrückt
1,3 l heiße Hühnerbrühe
50 g frisch geriebener Parmesan
Salz und Pfeffer

>1 Die Hälfte der Butter in einem hohen Topf zerlassen. Hähnchen und Zwiebel darin unter häufigem Rühren 8 Minuten anbraten, bis die Zwiebel goldbraun ist.

>2 Den Reis zufügen und mit der Butter vermischen. Unter Rühren etwa 2–3 Minuten andünsten, bis die Körner glasig sind.

>3 Mit dem Wein ablöschen und 1 Minute rühren, bis er eingekocht ist.

>4 Den Safran mit 4 Esslöffeln heißer Brühe mischen. Zum Reis geben und rühren, bis die Safranbrühe aufgesogen ist.

>5 Die restliche Brühe kellenweise zufügen. Dabei nach jeder Zugabe rühren, bis die Flüssigkeit aufgesogen ist. Auf diese Weise 20 Minuten (oder etwas länger) garen, bis die gesamte Flüssigkeit aufgesogen und der Risotto cremig ist.

>6 Vom Herd nehmen und die restliche Butter im Risotto zerlassen. Dann den Parmesan unterrühren. Mit Salz und Pfeffer abschmecken.

Den Risotto auf vorgewärmten Servier-
tellern anrichten und sofort servieren.

Makkaroni mit Kichererbsen & Kräutern

Für 4 Personen

Zutaten

350 g kurze Makkaroni
3 EL Olivenöl
1 Zwiebel, fein gehackt
1 Knoblauchzehe, zerdrückt
400 g Kichererbsen aus der Dose, abgetropft
4 EL passierte Tomaten
2 EL frisch gehackter Oregano
1 Handvoll Basilikumblätter, in Streifen geschnitten, plus etwas mehr zum Garnieren
Salz und Pfeffer

>1 Leicht gesalzenes Wasser in einem großen Topf zum Kochen bringen. Die Pasta darin 8–10 Minuten (oder nach Packungsangabe) al dente kochen. Gründlich abtropfen lassen.

>2 In der Zwischenzeit das Öl in einem Topf erhitzen. Zwiebel und Knoblauch darin unter gelegentlichem Rühren 4–5 Minuten goldgelb anbraten.

In vorgewärmte tiefe Servierteller füllen, mit Basilikum garnieren und sofort servieren.

>3 Kichererbsen und passierte Tomaten dazugeben und gut erhitzen.

>4 Pasta und Kräuter untermischen. Mit Salz und Pfeffer abschmecken.

Cannelloni mit Spinat & Ricotta

Für 4 Personen

Zutaten
zerlassene Butter, zum Einfetten
12 getrocknete Cannelloni, etwa 8 cm lang
Salz und Pfeffer

Füllung
150 g Spinat, Tiefkühlware aufgetaut
125 g Ricotta
1 Ei
3 EL frisch geriebener Pecorino
1 Prise frisch geriebene Muskatnuss

Käsesauce
2 EL Butter
2 EL Weizenmehl
625 ml heiße Milch
100 g frisch geriebener Gruyère

>1 Den Backofen auf 180 °C vorheizen. Eine eckige Auflaufform mit der zerlassenen Butter einfetten.

>2 Falls man die Cannelloni vorkochen muss (Packungsangabe beachten!), das jetzt erledigen. Dazu leicht gesalzenes Wasser in einem Topf zum Kochen bringen und die Nudeln al dente kochen. Abschrecken und gut abtropfen lassen. Auf ein sauberes Tuch legen.

>3 Für die Füllung Spinat und Ricotta im Mixer oder in der Küchenmaschine kurz mischen. Ei und Pecorino zufügen und alles zu einer glatten Masse verarbeiten. In eine Schüssel füllen und mit Muskat, Salz und Pfeffer abschmecken.

>4 Die Spinatmasse in einen Spritzbeutel mit 1-cm-Tülle geben und die Cannelloni damit befüllen. Die gefüllten Nudelröhren nebeneinander in die vorbereitete Form legen.

>5 Für die Käsesauce die Butter in einem Topf zerlassen. Das Mehl einstreuen und bei geringer Hitze unter ständigem Rühren 1 Minute anschwitzen.

>6 Den Topf vom Herd nehmen. Die heiße Milch unter Rühren in einem dünnen Strahl in die Mehlschwitze gießen. Den Topf wieder auf den Herd setzen und die Sauce unter Rühren zum Kochen bringen. Die Hitze reduzieren und die Sauce bis zu 10 Minuten unter Rühren köcheln lassen, bis sie andickt.

>7 Den Topf wieder vom Herd nehmen. Den Käse unterrühren. Mit Salz und Pfeffer abschmecken.

>8 Die Käsesauce über die gefüllten Cannelloni verteilen und glatt streichen. Mit Alufolie abgedeckt 20–25 Minuten im Ofen backen.

Sofort servieren.

Gegrillte Polenta mit Fenchel

Für 4 Personen

Zutaten
1 l Wasser
300 g Polenta
2 EL Butter
1 EL Fenchelsamen
2 EL fein gehackte frische glatte Petersilie
Olivenöl, zum Bestreichen
Salz und Pfeffer

>1 Das Wasser mit etwas Salz in einen großen Topf geben und zum Kochen bringen. Unter Rühren die Polenta einstreuen.

>2 Bei mittlerer Hitze unter Rühren 10–15 Minuten (oder nach Packungsangabe) quellen lassen, bis die Polenta sich als fester Brei von der Topfwand löst.

>3 Den Topf vom Herd nehmen und Butter, Fenchelsamen sowie Petersilie unterrühren. Mit Pfeffer abschmecken.

>4 Eine Auflaufform mit Öl einfetten. Die Polenta zufügen und die Oberfläche glatt streichen. Quellen lassen.

>5 Den Backofengrill vorheizen. Wenn die Polenta ganz fest ist, als Block aus der Form stürzen und in Streifen schneiden.

>6 Die Polentascheiben mit Öl bestreichen und unter dem Grill goldbraun und knusprig grillen.

Sofort servieren. Gegrillte Polenta ist eine köstliche Beilage zu toskanischen Bratwürsten oder Fischgerichten.

Risotto mit Erbsen & Gorgonzola

Für 4 Personen

Zutaten
2 EL Olivenöl
2 EL Butter
1 Zwiebel, fein gehackt
1 Knoblauchzehe, fein gehackt
350 g Risotto-Reis
150 ml trockener Weißwein
1,3 l heiße Gemüsebrühe
400 g Erbsen, Tiefkühlware
200 g Gorgonzola, zerkrümelt
2 EL frisch gehackte Minze
Salz und Pfeffer

>1 Das Öl mit der Butter in einem hohen Topf erhitzen. Die Zwiebel darin unter häufigem Rühren 3–4 Minuten weich dünsten.

>2 Knoblauch und Reis zufügen und im Fett wenden. Unter ständigem Rühren 2–3 Minuten dünsten, bis die Körner glasig sind. Mit dem Wein ablöschen und etwa 1 Minute rühren, bis er aufgesogen ist.

Den Risotto auf vorgewärmten Serviertellern anrichten und sofort servieren.

>3 Die Brühe kellenweise zufügen. Nach jeder Zugabe rühren, bis die Flüssigkeit absorbiert ist. 15 Minuten garen, dann die Erbsen zufügen und weitere 5 Minuten rühren, bis die Flüssigkeit aufgesogen ist.

>4 Den Topf vom Herd nehmen. Gorgonzola und Minze unterrühren. Mit Salz und Pfeffer abschmecken.

Ravioli mit Krebsfleisch & Ricotta

Für 4 Personen

Zutaten
300 g italienisches Weizenmehl Type 00 oder Weizenmehl Type 405
1 TL Salz
3 Eier, verquirlt
5 EL Butter, zerlassen

Füllung
175 g weißes Krebsfleisch
175 g Ricotta
fein abgeriebene Schale von 1 Zitrone
1 Prise getrocknete Chiliflocken
2 EL frisch gehackte glatte Petersilie
Salz und Pfeffer

>1 Mehl und Salz auf eine Arbeitsfläche sieben. Eine Vertiefung in die Mitte drücken und die Eier hineingeben.

>2 Das Mehl nach und nach mit einer Gabel in die Eier rühren und zu einem Teig verarbeiten.

>3 Etwa 5 Minuten kneten, bis ein glatter Teig entstanden ist. In Frischhaltefolie einwickeln und 20 Minuten ruhen lassen.

>4 Für die Füllung Krebsfleisch, Ricotta, Zitronenschale, Chiliflocken und Petersilie verrühren. Salzen und pfeffern.

>5 Den Teig mit einer Nudelmaschine oder von Hand 3 mm dick ausrollen und in 6 cm x 6 cm große Quadrate schneiden.

>6 Auf die Hälfte der Teigquadrate je 1 Teelöffel Füllung setzen.

>7 Die Ränder mit Wasser benetzen. Mit den restlichen Teigquadraten bedecken und die Ränder gut andrücken.

>8 Leicht gesalzenes Wasser in einem großen Topf zum Kochen bringen. Die Ravioli darin etwa 3 Minuten gar ziehen lassen. Gut abtropfen lassen.

Die Ravioli mit der zerlassenen Butter beträufeln, mit Pfeffer bestreuen und sofort servieren.

Pizza Margherita

Für 2 Personen

Zutaten

Teig

250 g Weizenmehl, plus etwas mehr zum Bestäuben
1 TL Salz
½ Päckchen Trockenhefe
1 EL Olivenöl, plus etwas mehr zum Einfetten
6 EL lauwarmes Wasser

Belag

6 Tomaten, in Scheiben
175 g Mozzarella, abgetropft und in Scheiben
2 EL frisches Basilikum, in Streifen
2 EL Olivenöl
Salz und Pfeffer

>1 Für den Pizzateig Mehl und Salz in eine große Schüssel sieben und die Hefe untermischen. Eine Vertiefung in die Mitte drücken, dann Öl und Wasser hineingießen.

>2 Mit bemehlten Händen nach und nach mit den Trockenzutaten zu einem Teig verarbeiten. Den Teig auf einer leicht bemehlten Arbeitsfläche 5 Minuten kneten, bis er glatt und elastisch ist.

>3 Den Teig in eine saubere Schüssel geben und mit einer leicht geölten Frischhaltefolie abdecken. An einem warmen Ort etwa 1 Stunde gehen lassen, bis sich das Teigvolumen verdoppelt hat.

>4 Den Backofen auf 220 °C vorheizen. Ein Backblech mit ein wenig Öl bestreichen.

>5 Den Teig auf einer leicht bemehlten Arbeitsfläche kurz durchkneten. Dann zu einem etwa 5 mm dicken Kreis ausrollen.

>6 Den Teig auf das vorbereitete Backblech heben und einen kleinen Rand formen.

>7 Den Teigboden mit Tomaten und Mozzarella belegen.

>8 Mit Salz und Pfeffer würzen und mit dem Basilikum bestreuen. Mit dem Öl beträufeln. Im vorgeheizten Ofen 20–25 Minuten goldbraun backen.

In Stücke schneiden und sofort servieren.

Pappardelle mit Tomaten, Rucola & Mozzarella

Für 4 Personen

Zutaten
400 g getrocknete Pappardelle
2 EL Olivenöl
1 Knoblauchzehe, gehackt
350 g Cocktailtomaten, halbiert
100 g Rucola
300 g Mozzarella, abgetropft und gewürfelt
Salz und Pfeffer
frisch geriebener Parmesan, zum Servieren

>1 Leicht gesalzenes Wasser in einem großen Topf zum Kochen bringen. Die Pasta darin 8–10 Minuten (oder nach Packungsangabe) al dente kochen.

>2 In der Zwischenzeit das Öl in einer Pfanne erhitzen. Den Knoblauch darin bei mittlerer Hitze 1 Minute anbraten, ohne zu bräunen.

In vorgewärmten tiefen Serviertellern anrichten und mit Parmesan bestreut sofort servieren.

>3 Die Tomaten zufügen. Kräftig salzen und pfeffern, dann 2–3 Minuten weich dünsten.

>4 Die Pasta abtropfen lassen und unter die Tomaten mischen. Rucola sowie Mozzarella unterheben und warten, bis der Rucola beginnt zusammenzufallen.

Arancini (Sizilianische Reisbällchen)

Für 3–4 Personen

Zutaten

1 EL Olivenöl
3 EL Butter
1 kleine Zwiebel, fein gehackt
500 g Risotto-Reis
2 l heiße Gemüsebrühe
50 g frisch geriebener Parmesan
120 g Mozzarella, abgetropft und zerpflückt
1 Ei, verquirlt
150 g frische Semmelbrösel
Öl, zum Frittieren
Salz und Pfeffer

>1 Das Olivenöl mit 2 Esslöffeln Butter in einem hohen Topf erhitzen. Die Zwiebel darin unter häufigem Rühren 5 Minuten weich dünsten.

>2 Den Reis zufügen und im Fett wenden. Unter ständigem Rühren 2–3 Minuten andünsten, bis die Körner glasig sind.

>3 Die Brühe kellenweise zugießen. Dabei nach jeder Zugabe rühren, bis die Flüssigkeit aufgesogen ist. Auf diese Weise 20 Minuten (oder etwas länger) garen, bis die gesamte Flüssigkeit aufgesogen und der Risotto schön cremig ist.

>4 Den Topf vom Herd nehmen und die restliche Butter in den Risotto geben. Dann den Parmesan unterrühren. Mit Salz und Pfeffer abschmecken. Den Risotto abkühlen lassen.

>5 Einen Esslöffel Risotto in die Handfläche geben. Einen Mozzarellawürfel in die Mitte setzen und einen zweiten Esslöffel Risotto daraufgeben. Zu einer Kugel formen. Die Füllung muss vollständig innen liegen. Auf diese Weise weitere Bällchen formen, bis die Zutaten aufgebraucht sind.

>6 Die Bällchen 10 Minuten kalt stellen. Zuerst im Ei, dann in den Semmelbröseln wenden. Überschüssige Brösel abklopfen. Nochmals 10 Minuten kalt stellen.

>7 Reichlich Öl in einem hohen Topf oder einer Fritteuse auf 180–190 °C erhitzen, bis ein Brotwürfel darin innerhalb von 30 Sekunden braun wird. Die Reisbällchen portionsweise im heißen Fett 5 Minuten goldbraun frittieren.

>8 Mit einem Schaumlöffel aus dem Fett nehmen und auf Küchenpapier abtropfen lassen.

Vor dem Servieren etwas abkühlen lassen.

Gnocchi mit Walnuss-Pesto

Für 4 Personen

Zutaten
500 g mehlig kochende Kartoffeln
50 g frisch geriebener Parmesan
1 Ei, verquirlt
200 g Weizenmehl, plus etwas mehr zum Bestäuben
Salz und Pfeffer

Walnuss-Pesto
20 g frische glatte Petersilienblätter
2 EL Kapern, abgespült
2 Knoblauchzehen, zerdrückt
180 ml natives Olivenöl extra
60 g gehackte Walnusskerne
30 g frisch geriebener Pecorino oder Parmesan

>1 Die Kartoffeln ungeschält in einem Topf mit Wasser bedecken und 30–35 Minuten gar kochen. Gut abtropfen und leicht abkühlen lassen.

>2 In der Zwischenzeit die Pestozutaten im Mixer oder mit dem Pürierstab in 2 Minuten zu einer Paste verarbeiten. Alternativ mit Mörser und Stößel zerreiben.

>3 Die Kartoffeln schälen, sobald sie in die Hand genommen werden können. Durch eine Presse drücken oder durch die Flotte Lotte in eine große Schüssel drehen.

>4 Salzen und pfeffern. Parmesan und Ei zugeben. Das Mehl darübersieben.

>5 Die Zutaten kurz vermengen. Auf eine leicht bemehlte Arbeitsfläche geben und zu einem glatten, lockeren Teig kneten. Falls er zu klebrig ist, noch etwas Mehl einarbeiten.

>6 Den Teig zu einer langen Rolle formen. In 3 cm lange Stücke schneiden und mit einer bemehlten Gabel flach drücken.

>7 Die Gnocchi auf ein bemehltes Backblech legen und mit einem sauberen Küchentuch abdecken.

>8 Leicht gesalzenes Wasser in einem großen Topf bis kurz unter den Siedepunkt erhitzen. Die Gnocchi darin portionsweise 1–2 Minuten gar ziehen. Herausnehmen, abtropfen lassen und auf eine Servierplatte legen.

Das Pesto darübergeben und sofort servieren.

Linguine alla Puttanesca

Für 4 Personen

Zutaten
3 EL Olivenöl
2 Knoblauchzehen, fein gehackt
10 eingelegte Sardellenfilets, abgetropft und gehackt
100 g entsteinte schwarze Oliven, gehackt
1 EL Kapern, abgespült
500 g Eiertomaten, gehäutet, entkernt und gewürfelt
Cayennepfeffer
400 g getrocknete Linguine
Salz
2 EL frisch gehackte glatte Petersilie, zum Garnieren

>1 Das Öl in einem schweren Topf erhitzen. Den Knoblauch darin bei geringer Hitze unter häufigem Rühren 2 Minuten andünsten. Die Sardellen zufügen und mit einer Gabel zerdrücken.

>2 Oliven, Kapern und Tomaten zugeben. Mit Cayennepfeffer würzen. Bei geschlossenem Deckel 25 Minuten garen.

Mit Petersilie garnieren und sofort servieren.

>3 In der Zwischenzeit leicht gesalzenes Wasser in einem großen Topf zum Kochen bringen. Die Pasta darin 8–10 Minuten (oder nach Packungsangabe) al dente kochen.

>4 Die Pasta gut abtropfen lassen und in eine vorgewärmte Servierschüssel füllen. Die Sauce darübergeben und mit der Pasta vermengen.

Hähnchen-Champignon-Lasagne

Für 4–6 Personen

Zutaten

2 EL Olivenöl
1 große Zwiebel, fein gehackt
500 g gehacktes Hähnchen- oder Putenfleisch
100 g geräucherte Pancetta, gewürfelt
400 g braune Champignons, in Scheiben
100 g getrocknete Steinpilze, eingeweicht
150 ml trockener Weißwein
400 g gehackte Tomaten aus der Dose
3 EL frisch gehacktes Basilikum
9 getrocknete Lasagneplatten
3 EL fein geriebener Parmesan
Salz und Pfeffer

Bechamelsauce

625 ml Milch
4 EL Butter
50 g Weizenmehl
1 Lorbeerblatt

>1 Den Backofen auf 190 °C vorheizen. Für die Bechamelsauce Milch, Butter, Mehl und Lorbeerblatt in einem Topf unter Rühren erhitzen, bis eine glatte dicke Sauce entstanden ist. Mit Salz und Pfeffer abschmecken. Deckel auflegen und warm halten.

>2 Das Öl in einem großen Topf erhitzen und die Zwiebel darin unter Rühren 3–4 Minuten andünsten.

>3 Hackfleisch und Pancetta zufügen und 6–8 Minuten anbraten. Beide Pilzsorten zugeben und weitere 2–3 Minuten garen.

>4 Den Wein zugießen und zum Kochen bringen. Die Tomaten zugeben und die Mischung bei geschlossenem Deckel 20 Minuten köcheln. Das Basilikum untermischen.

>5 Falls man die Lasagneplatten vorkochen muss (Packungsangabe beachten!), das jetzt erledigen. Dazu leicht gesalzenes Wasser in einem Topf zum Kochen bringen und die Nudeln al dente kochen. Gut abtropfen lassen und auf einem Küchentuch ausbreiten.

>6 Drei Lasagneplatten in eine rechteckige Auflaufform legen. Ein Drittel der Hackfleischmischung darauf verteilen.

>7 Das Lorbeerblatt aus der Bechamelsauce nehmen. Ein Drittel auf der Hackfleischmischung verteilen. Auf diese Weise weitere zwei Schichten in die Form füllen. Mit Bechamelsauce abschließen.

>8 Mit dem Parmesan bestreuen und etwa 35–40 Minuten im Ofen backen, bis die Oberfläche goldbraun ist und Blasen wirft.

Sofort servieren.

Risotto Frutti di Mare

Für 4 Personen

Zutaten

160 ml trockener Weißwein
4 kleine küchenfertige Tintenfischtuben, in Ringen
250 g Garnelen, geschält und Darmfäden entfernt
250 g Miesmuscheln, abgebürstet und Bärte entfernt
2 EL Olivenöl
4 EL Butter
1 Zwiebel, fein gehackt
2 Knoblauchzehen, fein gehackt
2 Lorbeerblätter
350 g Risotto-Reis
1,5 l heißer Fischfond
Salz und Pfeffer
frisch gehackte glatte Petersilie, zum Garnieren

>1 Den Wein in einem Topf zum Kochen bringen. Tintenfisch und Garnelen zugeben und bei geschlossenem Deckel 2 Minuten garen. Tintenfisch und Garnelen herausnehmen und beiseitestellen.

>2 Beschädigte Muscheln und Exemplare, die sich beim Antippen nicht schließen, aussortieren. Die Muscheln im Wein bei geschlossenem Deckel 2–3 Minuten garen, bis sie aufgegangen sind. Muscheln, die sich nicht öffnen, aussortieren. Abtropfen lassen. Dabei den Sud auffangen. Die Muscheln aus den Schalen lösen.

>3 Das Öl mit der Butter in einem hohen Topf erhitzen. Die Zwiebel darin unter häufigem Rühren 3–4 Minuten weich dünsten.

>4 Knoblauch, Lorbeerblatt und Reis zufügen und im heißen Fett wenden. Unter ständigem Rühren 2–3 Minuten andünsten, bis die Körner glasig sind.

>5 Mit dem Weinsud ablöschen. Den Fond kellenweise zufügen. Dabei rühren, bis die Flüssigkeit aufgesogen ist. Weitere 15 Minuten (oder etwas länger) garen, bis die gesamte Flüssigkeit aufgesogen ist.

>6 Die Meeresfrüchte untermischen. Den Risotto bei geschlossenem Deckel weitere 2 Minuten erhitzen. Mit Salz und Pfeffer abschmecken.

Den Risotto mit Petersilie garnieren und sofort servieren.

Pizza Calzone

Für 4 Personen

Zutaten
2 Portionen Pizzateig (siehe Seite 92)
Weizenmehl, zum Bestäuben

Füllung
2 EL Olivenöl, plus etwas mehr zum Einfetten
1 rote Zwiebel, in feinen Streifen
1 Knoblauchzehe, fein gehackt
400 g gehackte Tomaten aus der Dose
50 g entsteinte schwarze Oliven
200 g Mozzarella, abgetropft und gewürfelt
1 EL frisch gehackter Oregano

>1 Den Backofen auf 200 °C vorheizen. Zwei Backbleche dünn mit Öl bestreichen. Das Öl in einer Pfanne erhitzen. Zwiebel und Knoblauch darin 5 Minuten weich dünsten. Die Tomaten zufügen und weitere 5 Minuten dünsten. Die Oliven untermischen.

>2 Den Teig in 4 Portionen teilen und auf einer leicht bemehlten Arbeitsfläche zu Kreisen (20 cm Ø) ausrollen.

Vor dem Servieren 2 Minuten ruhen lassen.

>3 Ein Viertel der Tomatenmischung auf jeder Teighälfte verstreichen. Dabei einen kleinen Rand frei lassen. Mozzarella und Oregano darauf verteilen. Die Ränder mit etwas Wasser benetzen. Die Teigkreise zusammenklappen und am Rand gut zusammendrücken.

>4 Die Halbkreise auf die Backbleche heben und etwa 15 Minuten im Ofen goldbraun und knusprig backen.

>1

>2

>3

Secondi piatti

Saltimbocca alla Romana

Für 4 Personen

Zutaten

4 dünne Kalbsschnitzel
2 EL Zitronensaft
1 EL Salbeiblätter, in Streifen geschnitten
4 Scheiben Serrano-Schinken
4 EL Butter
3 EL trockener Weißwein
Salz und Pfeffer

>1 Die Kalbsschnitzel zwischen zwei Lagen Frischhaltefolie legen und mit einer Teigrolle sehr dünn plattieren.

>2 Auf einen Teller legen und mit dem Zitronensaft beträufeln. 30 Minuten marinieren. Dabei gelegentlich im Saft wenden.

>3 Die Schnitzel mit Küchenpapier trocken tupfen. Kräftig salzen und pfeffern und mit der Hälfte des Salbeis bestreuen. Je eine Scheibe Schinken darauflegen und mit einem Zahnstocher fixieren.

>4 Die Butter in einer großen, schweren Pfanne zerlassen. Den restlichen Salbei darin bei geringer Hitze unter ständigem Rühren 1 Minute anbraten.

>5 Die Schnitzel darin, gegebenenfalls nacheinander, 3–4 Minuten von jeder Seite goldbraun braten. Den Bratensaft mit dem Wein ablöschen und diesen 2 Minuten einkochen.

>6 Die Schnitzel auf vorgewärmte Servierteller geben und mit dem Bratensaft übergießen. Die Zahnstocher entfernen.

Sofort servieren.

Seeteufelspieße mit Basilikummayonnaise

Für 2–4 Personen

Zutaten
1 Knoblauchzehe, zerdrückt
fein abgeriebene Schale und Saft von 1 Zitrone
2 EL Olivenöl
500 g Seeteufelfilet, in 3 cm großen Stücken
2 rote Zwiebeln, in schmalen Spalten
Salz und Pfeffer

Basilikummayonnaise
2 Eigelb
1 EL Zitronensaft
1 TL Dijon-Senf
150 ml Sonnenblumenöl
150 ml natives Olivenöl extra
40 g frisch gehackte Basilikumblätter

>1 Knoblauch, Zitronenschale und -saft sowie Olivenöl in einer Schüssel verrühren. Salzen und pfeffern. Den Fisch darin wenden und abgedeckt 30 Minuten im Kühlschrank marinieren.

>2 Falls Holzspieße verwendet werden, diese 30 Minuten in kaltem Wasser einweichen. Für die Mayonnaise Eigelb, Zitronensaft und Senf in einer Schüssel glatt rühren.

>3 Unter ständigem Rühren das Sonnenblumenöl in einem dünnen Strahl zugießen, bis die Masse andickt.

>4 Auf dieselbe Weise nun das native Olivenöl einarbeiten, bis eine dicklich cremige Mayonnaise entstanden ist. Das Basilikum gut unterrühren und alles mit Salz und Pfeffer abschmecken.

>5 Den Backofengrill vorheizen. Den Fisch abtropfen lassen, dabei die Marinade auffangen. Die Fischstücke abwechselnd mit den Zwiebeln auf 4 Metall- oder Holzspieße stecken.

>6 Die Spieße unter dem Grill unter gelegentlichem Wenden und Bestreichen mit der Marinade 6–8 Minuten grillen, bis sie rundum goldbraun sind.

Die Spieße sofort mit der Basilikum-mayonnaise servieren.

Grillsteaks mit Tomaten & Knoblauch

Für 4 Personen

Zutaten

3 EL Olivenöl, plus etwas mehr zum Bestreichen
700 g Tomaten, gehäutet, entkernt und klein gewürfelt
1 rote Paprika, klein gewürfelt
1 rote Zwiebel, gehackt
2 Knoblauchzehen, fein gehackt
1 EL frisch gehackte glatte Petersilie
1 TL getrockneter Oregano
1 TL Zucker
4 Rumpsteaks à 175 g
Salz und Pfeffer

>1 Öl, Tomaten, Paprika, Zwiebel, Knoblauch, Petersilie, Oregano und Zucker in einen Topf geben. Salzen und pfeffern. Zum Kochen bringen, dann die Hitze reduzieren und 15 Minuten köcheln lassen.

>2 In der Zwischenzeit die Fettränder von den Steaks entfernen. Die Steaks kräftig pfeffern und mit Öl bestreichen.

Die Steaks auf vorgewärmten Serviertellern mit dem Gemüse anrichten und sofort servieren.

>3 Eine Grillpfanne stark erhitzen.

>4 Die Steaks darin je nach Geschmack braten:
2–2½ Minuten von jeder Seite für blutig;
3–3½ Minuten pro Seite für medium;
4½–5 Minuten von jeder Seite für gut durchgebraten.

Auberginenauflauf mit Mozzarella

Für 6–8 Personen

Zutaten
3 Auberginen, in dünnen Scheiben
Olivenöl, zum Bestreichen
300 g Mozzarella, in Scheiben
100 g frisch geriebener Parmesan
3 EL helle Semmelbrösel
1 EL Butter

Tomaten-Basilikum-Sauce
2 EL Olivenöl
4 Schalotten, fein gehackt
2 Knoblauchzehen, gehackt
400 g Tomaten aus der Dose
1 TL Zucker
8 frische Basilikumblätter, gehackt
Salz und Pfeffer

>1 Den Backofen auf 200 °C vorheizen. Eine Auflaufform mit Öl einfetten.

>2 Die Auberginenscheiben nebeneinander auf 2 Backbleche legen. Mit Öl bestreichen und 15–20 Minuten im Ofen weich backen.

>3 In der Zwischenzeit für die Sauce das Öl in einem Topf erhitzen. Die Schalotten darin 5 Minuten weich dünsten. Den Knoblauch zufügen und 1 weitere Minute garen.

>4 Die Tomaten zugeben und mit einem Holzlöffel zerdrücken. Den Zucker unterrühren. Salzen und pfeffern. Zum Kochen bringen, dann die Hitze reduzieren und 10 Minuten köcheln, bis die Sauce etwas angedickt ist. Das Basilikum unterrühren.

>5

Die Hälfte der Auberginenscheiben auf dem Boden der vorbereiteten Form verteilen. Je die Hälfte von Mozzarellascheiben, Sauce und Parmesan darauf verteilen.

>6

Den restlichen Parmesan mit den Semmelbröseln mischen. Restliche Auberginen, Mozzarella und Sauce wie oben beschrieben in die Form schichten und mit der Parmesanmischung abschließen. Die Butter in Flöckchen darauf verteilen und im Ofen 25 Minuten goldbraun backen.

Vor dem Servieren 5 Minuten ruhen lassen.

Gefüllte Hähnchenbrustfilets mit Parmesankruste

Für 4 Personen

Zutaten

4 Hähnchenbrustfilets
5 EL Pesto (siehe Seite 56)
60 g frische Ciabattabrösel
25 g frisch geriebener Parmesan
fein abgeriebene Schale von ½ Zitrone
2 EL Olivenöl
Salz und Pfeffer
gebratene Cocktailtomaten, als Beilage

>1 Den Backofen auf 220 °C vorheizen. Seitlich eine tiefe Tasche in die Hähnchenbrustfilets schneiden.

>2 Die Filets öffnen und je 1 Esslöffel Pesto in die Taschen streichen.

>3 Die Hähnchenbrustfilets wieder zusammenklappen und nebeneinander in eine Auflaufform legen.

>4 Das restliche Pesto mit Semmelbröseln, Parmesan und Zitronenschale verrühren.

>5 Die krümelige Masse auf den Hähnchenbrustfilets verteilen und festdrücken. Salzen und pfeffern und mit dem Öl beträufeln.

>6 Etwa 20 Minuten im Ofen backen. Das Fleisch ist gar, wenn beim Einstechen in die dickste Stelle klarer Fleischsaft austritt.

Die Hähnchenbrustfilets mit gebratenen Cocktailtomaten servieren.

Wolfsbarsch mit Fenchel, Oliven & Thymian

Für 4 Personen

Zutaten

4 Wolfsbarsche (à 300 g), küchenfertig
2 Fenchelknollen
12 entsteinte grüne Oliven
Saft und fein abgeriebene Schale von 1 Zitrone
3 EL Olivenöl
180 ml trockener Weißwein
3 EL frisch gehackte Thymianblätter
Salz und Pfeffer

>1 Den Backofen auf 200 °C vorheizen. Die Fische auf einer Seite je 3 Mal schräg einschneiden und in eine Auflaufform legen.

>2 Das Fenchelgrün abschneiden und beiseitelegen. Die Fenchelknollen in 5 mm dicke Scheiben schneiden und in kochendem Wasser 1 Minute blanchieren. Abtropfen und mit den Oliven auf den Fischen verteilen.

Fische und Fenchel auf einer Servierplatte anrichten und mit gehacktem Fenchelgrün garniert servieren.

>3 Zitronensaft und -schale, Öl, Wein und Thymian verrühren. Salzen und pfeffern.

>4 Die Mischung über die Fische gießen. Im Ofen 30–35 Minuten backen, bis sich das Fischfleisch leicht von den Gräten löst.

Frittiertes Gemüse mit Balsamico-Dip

Für 4 Personen

Zutaten
1 kg gemischtes Gemüse wie Fenchel, Zucchini, Brokkoli, Blumenkohl, Zwiebeln und Karotten
180 g Weizenmehl
2 Eier, verquirlt
125 ml Bier
Oliven- oder Pflanzenöl, zum Frittieren
Salz und Pfeffer

Dip
6 EL Balsamico-Essig
1 TL milder Senf
1 TL Honig

>1 Das Gemüse putzen und in gleich große Stücke schneiden.

>2 Das Mehl mit Salz und Pfeffer in eine Schüssel sieben. Eine Vertiefung in die Mitte drücken. Eier und Bier hineingießen.

>3 Die Zutaten mit dem Schneebesen zu einem glatten, schaumigen Teig verrühren.

>4 Reichlich Öl in einem großen Topf oder einer Fritteuse auf 180–190 °C erhitzen, bis ein Brotwürfel innerhalb von 30 Sekunden bräunt. Die Gemüsestücke in den Teig tauchen und portionsweise im heißen Fett goldbraun frittieren.

>5 Das Gemüse auf Küchenpapier abtropfen lassen und warm halten, bis alle Gemüsestücke frittiert sind.

>6 In der Zwischenzeit für den Dip Essig, Senf und Honig glatt rühren.

Das Gemüse warm mit dem Dip servieren.

Geschmorte Ente mit Pancetta, Rosmarin & Oliven

Für 4 Personen

Zutaten
2 EL Olivenöl
8 Ententeile (insgesamt 1,8 kg), küchenfertig
150 g Pancetta, gewürfelt
1 große Zwiebel, gehackt
1 Selleriestange, gewürfelt
1 Karotte, gewürfelt
1 Knoblauchzehe, gehackt
180 ml Rotwein
450 g passierte Tomaten
1 frische rote Chili, fein gehackt
3 frische Rosmarinzweige
12 schwarze Oliven
Salz und Pfeffer
frisch gehackte glatte Petersilie, zum Garnieren

>1 Das Öl in einem großen Topf erhitzen und die Ententeile portionsweise darin goldbraun anbraten. Aus dem Topf nehmen und beiseitestellen.

>2 Bis auf 1 Esslöffel das Fett aus dem Topf abgießen und die Pancetta unter Rühren darin goldbraun anbraten.

>3 Zwiebel, Sellerie, Karotte und Knoblauch zugeben und unter Rühren 3–4 Minuten andünsten.

>4 Mit dem Wein ablöschen und 1 Minute einkochen. Passierte Tomaten, Chili, Rosmarin und Oliven zufügen. Salzen und pfeffern.

>5 Die Ententeile wieder in den Topf geben und mit Gemüse und Sauce vermengen.

>6 Bei geschlossenem Deckel etwa 1 Stunde sanft schmoren, bis das Fleisch zart ist. Rosmarinzweige entfernen.

Vor dem Servieren mit der Petersilie garnieren.

Bohnentopf mit Schweinefleisch

Für 4 Personen

Zutaten
300 g Borlotti-Bohnen, über Nacht eingeweicht
800 g Schweineschulter
1 große Zwiebel, gehackt
2 Selleriestangen, gewürfelt
1 große Karotte, gewürfelt
1 frische rote Chili, fein gehackt
2 Knoblauchzehen, fein gehackt
je 1 großer Zweig frischer Rosmarin, Thymian und Lorbeer
650 ml Hühnerbrühe
Salz und Pfeffer
Weißbrot, zum Servieren

>1 Den Backofen auf 160 °C vorheizen. Die Bohnen abgießen und in einem Topf mit kochendem Wasser 10 Minuten garen. Die Bohnen abtropfen lassen und in einen großen Bräter geben.

>2 Das Fleisch samt Schwarte in mundgerechte Stücke schneiden.

Den Bohnentopf mit frischem Brot zum Aufnehmen der Sauce servieren.

>3 Fleisch und Gemüse auf den Bohnen verteilen und mit Chili und Knoblauch bestreuen. Salzen und pfeffern. Die Kräuter zugeben.

>4 Mit so viel Brühe aufgießen, dass die Zutaten knapp bedeckt sind. Bei geschlossenem Deckel ohne Rühren etwa 3 Stunden im Ofen schmoren.

Seemannstopf

Für 4 Personen

Zutaten

300 g Venusmuscheln, geputzt
2 EL Olivenöl
1 große Zwiebel, gehackt
2 Knoblauchzehen, gehackt
2 Selleriestangen, in Scheiben
350 g festes weißes Fischfilet
250 g küchenfertige Tintenfischringe
450 ml Fischfond
6 Eiertomaten, in Stücke geschnitten
1 kleines Bund frischer Thymian
Salz und Pfeffer
frisches Brot, zum Servieren

>1 Die Muscheln unter fließend kaltem Wasser abbürsten. Beschädigte Muscheln und Exemplare, die sich beim Antippen nicht sofort schließen, aussortieren.

>2 Das Öl in einem großen Topf oder einer Pfanne erhitzen. Zwiebel, Knoblauch und Sellerie darin 3–4 Minuten dünsten, aber nicht bräunen.

>3 In der Zwischenzeit den Fisch in mundgerechte Stücke schneiden.

>4 Fisch und Tintenfischringe zum Sellerie geben und 2 Minuten sanft anbraten.

>5 Fond, Tomaten und Thymian zufügen. Salzen und pfeffern. Bei geschlossenem Deckel 3–4 Minuten sanft köcheln lassen.

>6 Die Muscheln zugeben. Den Deckel wieder auflegen und bei starker Hitze weitere 2 Minuten garen, bis die Muscheln aufgegangen sind. Exemplare, die sich nicht geöffnet haben, aussortieren.

Mit frischem Weißbrot sofort servieren.

Linsen mit Artischocken umbrischer Art

Für 4 Personen

Zutaten

200 g grüne Linsen
2 EL Olivenöl
2 Selleriestangen, klein gewürfelt
2 Porreestangen, in Ringen
1 Knoblauchzehe, zerdrückt
150 g sonnengetrocknete Tomaten in Öl, abgetropft und gehackt
2 EL frischer Salbei, in Streifen geschnitten
1 EL frisch gehackter Rosmarin
500 ml Gemüsebrühe
250 g eingelegte Artischockenherzen, abgetropft
Salz und Pfeffer

>1 Die Linsen in einen Topf geben und mit kochendem Wasser bedecken. 10 Minuten kochen. Die Linsen abgießen und abtropfen lassen.

>2 Das Öl in einem großen Topf erhitzen. Sellerie und Porree darin 2–3 Minuten dünsten, aber nicht bräunen.

>3 Knoblauch, Tomaten, Salbei und Rosmarin untermischen.

>4 Linsen und Brühe zufügen. Salzen und pfeffern, dann zum Kochen bringen.

>5 Die Hitze reduzieren und bei geschlossenem Deckel alles 25–30 Minuten sanft köcheln lassen, bis die Linsen gar sind.

>6 Die Artischocken unterheben und 2–3 Minuten erhitzen.

Sofort servieren.

Gegrillte Thunfischsteaks mit Kapern & Thymian

Für 4 Personen

Zutaten

4 Thunfischsteaks à 175–200 g
4 EL Olivenöl
fein abgeriebene Schale und Saft von 1 Zitrone
3 EL eingelegte Kapern, abgespült
2 EL frisch gehackter Thymian
Salz und Pfeffer
Zitronenspalten, zum Servieren

>1 Die Thunfischsteaks mit 1 Esslöffel Öl bestreichen. Salzen und pfeffern.

>2 Restliches Öl, Zitronenschale und -saft, Kapern und Thymian in einem kleinen Topf bei geringer Hitze erwärmen.

Die Thunfischsteaks mit Zitronenspalten garnieren.

>3 Eine Grillpfanne stark erhitzen. Dann die Thunfischsteaks, gegebenenfalls nacheinander, 2–3 Minuten von jeder Seite braten.

>4 Die Zitronen-Kapern-Mischung kurz aufkochen und über die Steaks geben.

Gebratene Lammkeule mit Rosmarin & Marsala

Für 6 Personen

Zutaten
1,8 kg Lammkeule
2 Knoblauchzehen, in feinen Scheiben
2 EL Rosmarinnadeln
125 ml Olivenöl
1 kg Kartoffeln, in 2–3 cm dicke Stücke geschnitten
6 frische Salbeiblätter, in Streifen geschnitten
150 ml Marsala
Salz und Pfeffer

>1 Den Backofen auf 220 °C vorheizen. Mit einem kleinen Messer kleine Einschnitte in die Lammkeule machen. Mit den Knoblauchscheiben und etwa der Hälfte der Rosmarinnadeln spicken.

>2 Die Lammkeule in eine Bratform geben und mit der Hälfte des Öls beträufeln. Etwa 15 Minuten im Ofen braten.

>3 Die Temperatur auf 180 °C reduzieren. Die Keule aus dem Ofen nehmen. Salzen und pfeffern. Wenden, wieder in den Ofen schieben und weitere 60 Minuten braten.

>4 Die Kartoffeln in eine zweite Bratform geben und im restlichen Öl wenden. Mit dem restlichen Rosmarin und dem Salbei bestreuen. Mit der Lammkeule in den Ofen geben und beides 40 Minuten braten.

>5 Die Lammkeule aus dem Ofen nehmen, wenden und mit dem Marsala übergießen. Mit den Kartoffeln wieder in den Ofen schieben und weitere 15 Minuten braten.

>6 Die Lammkeule auf ein Tranchierbrett heben und mit Alufolie abdecken. Die Bratform auf dem Herd stark erhitzen und den Bratensaft einkochen, bis er eine sirupartige Konsistenz hat.

Die Lammkeule tranchieren und mit Kartoffeln und Sauce servieren.

Caponata (süßsaures sizilianisches Gemüse)

Für 4 Personen

Zutaten
4 EL Olivenöl
2 Selleriestangen, in Scheiben
2 rote Zwiebeln, in Streifen
500 g Auberginen, gewürfelt
1 Knoblauchzehe, fein gehackt
5 Eiertomaten, in kleinen Stücken
3 EL Rotweinessig
1 EL Zucker
3 EL entsteinte grüne Oliven, halbiert
2 EL abgetropfte Kapern
Salz und Pfeffer
4 EL frisch gehackte glatte Petersilie, zum Garnieren
Ciabatta, zum Servieren

>1 Die Hälfte des Öls in einem großen, schweren Topf erhitzen. Sellerie und Zwiebeln darin bei geringer Hitze unter gelegentlichem Rühren weich dünsten.

>2 Restliches Öl und Auberginen zugeben und unter häufigem Rühren etwa 5 Minuten dünsten, bis die Auberginen Farbe annehmen.

>3 Knoblauch, Tomaten, Essig und Zucker sorgfältig untermischen.

>4 Mit einem kreisrunden Stück Backpapier bedecken und etwa 10 Minuten sanft köcheln.

>5 Das Backpapier entfernen. Oliven und Kapern untermischen. Mit Salz und Pfeffer abschmecken.

>6 Die Caponata in eine Servierschüssel füllen und etwas abkühlen lassen.

Mit Petersilie garnieren und mit Ciabatta servieren.

Rinderschmortopf mit Rotwein

Für 4–6 Personen

Zutaten

2 EL Olivenöl
1 kg Rinderschmorbraten
  aus der Keule
1 große Zwiebel, in Streifen
2 Karotten, gewürfelt
2 Selleriestangen,
  in Scheiben
2 Lorbeerblätter
1 Zimtstange
450 ml Rotwein
450 ml Rinderbrühe
Salz und Pfeffer

>1 Das Öl in einem Schmortopf erhitzen und das Fleisch darin rundum anbräunen. Aus dem Topf nehmen.

>2 Zwiebel, Karotten und Sellerie in den Topf geben und das Fleisch darauflegen. Lorbeerblätter, Zimtstange, Wein und Brühe dazugeben. Salzen und pfeffern.

Den Braten in Scheiben schneiden und mit der Sauce übergießen.

>3 Zum Kochen bringen. Dann die Hitze reduzieren und den Braten unter gelegentlichem Wenden bei geschlossenem Deckel etwa 2 Stunden sanft schmoren.

>4 Das Fleisch aus dem Topf nehmen. Den Bratensaft durch ein Sieb passieren. Wieder in den Topf gießen und bei starker Hitze auf etwa die Hälfte einkochen.

>1

>2

>3

Dolci

Tiramisu

Für 6 Personen

Zutaten
4 Eigelb
100 g Zucker extrafein
1 TL Vanillearoma
500 g Mascarpone
2 Eiweiß
180 ml kalter Espresso
100 ml Rum oder Weinbrand
24 Löffelbiskuits
2 EL Kakaopulver
2 EL fein geriebene Zartbitterschokolade

>1 Eigelb, Zucker und Vanillearoma in eine hitzebeständige Schüssel geben, diese auf einen Topf mit heißem Wasser setzen und die Mischung schaumig schlagen.

>2 Wenn die Masse blassgelb ist und der Schneebesen eine sichtbare Spur hinterlässt, die Schüssel aus dem Wasserbad nehmen und die Eiermasse unter Rühren etwas abkühlen lassen, damit sich keine Haut bildet.

>3 Den Mascarpone sorgfältig unter die Eiermasse heben.

>4 Das Eiweiß in einer trockenen, sauberen Schüssel steif schlagen und unter die Mascarponemasse heben.

>5 Espresso und Rum in eine flache Form gießen. Acht Löffelbiskuits kurz hineinlegen, dann auf dem Boden einer rechteckigen Servierform anordnen.

>6 Ein Drittel der Mascarponecreme gleichmäßig darauf verstreichen. Auf diese Weise die Form mit zwei weiteren Schichten Löffelbiskuits und Frischkäsecreme füllen. Mindestens 1 Stunde im Kühlschrank ziehen lassen.

Vor dem Servieren das Tiramisu gleichmäßig mit Kakaopulver bestäuben und mit der Schokolade bestreuen.

Ricottakuchen mit Schokolade & Walnuss

Für 6 Personen

Zutaten
125 g Zucker extrafein
180 g weiche Butter
2 Eigelb
fein abgeriebene Schale von 1 Zitrone
250 g Weizenmehl

Füllung
125 g Zartbitterschokolade, in Stücken
250 g Ricotta
40 g Puderzucker, plus etwas mehr zum Bestäuben
2 EL brauner Rum
1 TL Vanillearoma
100 g fein gehackte Walnüsse

>1 Den Backofen auf 180 °C vorheizen. Zucker, Butter Eigelb und Zitronenschale in einer Schüssel glatt rühren.

>2 Das Mehl zufügen und die Zutaten von Hand zu einem glatten Teig verarbeiten.

>3 Den Teig in Frischhaltefolie einwickeln und bei Zimmertemperatur etwa 10 Minuten ruhen lassen.

>4 Die Schokolade im Wasserbad schmelzen.

>5 Ricotta, Puderzucker, Rum, Vanillearoma und Walnüsse in einer größeren Schüssel mischen. Die geschmolzene Schokolade sorgfältig unterrühren.

>6 Zwei Drittel des Teigs kreisrund ausrollen und eine Tarteform (24 cm Ø) damit auskleiden.

>7 Die Schokoladenmasse einfüllen und die Oberfläche glatt streichen.

>8 Den restlichen Teig ausrollen, in Streifen schneiden und als Gitter auf die Füllung legen. Etwa 35–40 Minuten im Ofen goldgelb backen.

Den Kuchen mit Puderzucker bestäuben
und warm servieren.

Gefüllte Pfirsiche

Für 4 Personen

Zutaten
4 EL Butter
4 Pfirsiche
2 EL Rohrohrzucker
100 g zerkrümelte Amaretti
2 EL Amaretto
125 g Sahne, zum Servieren

>1 Den Backofen auf 180 °C vorheizen. Eine für 8 Pfirsichhälften ausreichend große Auflaufform mit 1 Esslöffel Butter einfetten.

>2 Die Pfirsiche halbieren und entsteinen.

Mit dem Amaretto beträufeln und warm mit der Sahne servieren.

>3 Restliche Butter und Zucker in einer Schüssel cremig rühren. Die Amarettikrümel sorgfältig untermischen.

>4 Die Pfirsichhälften mit der Schnittseite nach oben in die vorbereitete Form setzen und die Krümelmasse darauf verteilen. Etwa 20–25 Minuten im Ofen backen.

Cantuccini

Ergibt etwa 35 Stück

Zutaten
250 g abgezogene Mandeln
200 g Weizenmehl, plus etwas mehr zum Bestäuben
180 g Zucker extrafein, plus etwas mehr zum Bestreuen
1 TL Backpulver
½ TL Zimtpulver
2 Eier
2 TL Vanillearoma

>1 Den Backofen auf 180 °C vorheizen. Zwei Backbleche mit Backpapier auslegen.

>2 Die Mandeln grob hacken. Einige auch ganz lassen.

>3 Mehl, Zucker, Backpulver und Zimt in einer Schüssel mischen. Die Mandeln dazugeben und vermengen.

>4 Eier und Vanillearoma in einer Schale verquirlen. Mit den trockenen Zutaten zu einem festen Teig verarbeiten.

>5 Den Teig auf einer leicht bemehlten Arbeitsfläche kurz durchkneten.

>6 Den Teig halbieren und zu langen, 5 cm dicken abgeflachten Rollen formen. Auf die Backbleche legen und mit Zucker bestreuen. Etwa 20–25 Minuten im Ofen backen.

>7 Die Ofentemperatur auf 160 °C reduzieren. Die Rollen aus dem Ofen nehmen und etwas abkühlen lassen. Auf einem Schneidebrett in 1 cm dicke Scheiben schneiden.

>8 Die Scheiben auf die Backbleche legen und im Ofen 15–20 Minuten backen. Auf einem Kuchengitter abkühlen lassen.

In einem luftdichten Behälter halten
sich Cantuccini einige Wochen.

Venezianische Krapfen

Ergibt 24 Stück

Zutaten
130 g Rosinen
je 50 g gehacktes Orangeat und Zitronat
3 EL Grappa oder Rum
fein abgeriebene Schale von 1 Zitrone
400 g Weizenmehl
50 g Zucker extrafein
1 Päckchen Trockenhefe
1 kleines Ei, verquirlt
250 ml lauwarme Milch
50 g Pinienkerne
Sonnenblumenöl, zum Frittieren
Puderzucker, zum Bestäuben

>1 Rosinen, Orangeat und Zitronat, Grappa sowie Zitronenschale in einer Schale mischen und 1 Stunde einweichen.

>2 Mehl, Zucker und Hefe in einer Schüssel mischen. Das Ei und so viel Milch einarbeiten, dass ein dicker Teig entsteht.

>3 Rosinenmischung und Pinienkerne unter den Teig rühren.

>4 Abgedeckt an einem warmen Ort etwa 3 Stunden gehen lassen, bis sich das Teigvolumen verdoppelt hat.

>5 Reichlich Öl in einem großen Topf oder einer Fritteuse auf 180–190 °C erhitzen, bis ein Brotwürfel innerhalb von 30 Sekunden braun wird.

>6 Esslöffelgroße Teigmengen portionsweise in das heiße Fett geben und goldbraun ausbacken. Auf Küchenpapier abtropfen lassen.

Die Krapfen mit Puderzucker bestäuben
und warm servieren.

Pfirsiche mit Limoncello

Für 4 Personen

Zutaten
4 Pfirsiche
80 g Zucker extrafein
1 Zimtstange
3 EL kaltes Wasser
2 EL Limoncello (Zitronenlikör)
Schlagsahne, zum Servieren

>1 Die Pfirsiche halbieren und entsteinen.

>2 Die Pfirsiche mit Zucker, Zimtstange und Wasser in einen breiten Topf geben und zum Kochen bringen.

Die Pfirsiche warm oder kalt, mit Schlagsahne garniert servieren.

>3 Den Deckel auflegen und bei geringer Hitze unter gelegentlichem Rühren 20 Minuten dünsten, bis die Pfirsiche weich sind.

>4 Den Topf vom Herd nehmen. Den Limoncello unterrühren und die Pfirsiche 20 Minuten ziehen lassen.

Feigentörtchen

Für 4 Personen

Zutaten
250 g Blätterteig (Fertigprodukt)
Weizenmehl, zum Bestäuben
8 frische, vollreife Feigen
1 EL Zucker extrafein
½ TL Zimtpulver
Milch, zum Bestreichen
Vanilleeis, zum Servieren

>1 Den Backofen auf 190°C vorheizen. Den Blätterteig auf einer leicht bemehlten Arbeitsfläche 5 mm dick ausrollen.

>2 4 Kreise (15 cm Ø) aus dem Teig schneiden und auf ein mit Mehl bestäubtes Backblech legen.

>3 Mit einem spitzen Messer einen 1 cm breiten Rand in die Teigkreise einziehen. Die Teigmitte mehrmals mit einer Gabel einstechen.

>4 Die Feigen vierteln und die Teigkreise mit je 8 Feigenvierteln belegen.

>5 Zucker und Zimt mischen und die Feigen damit bestreuen.

>6 Die Teigränder mit Milch bestreichen und die Törtchen etwa 15–20 Minuten im Ofen goldbraun backen.

Die Feigentörtchen warm mit einer Kugel Vanilleeis garniert servieren.

Panforte di Siena

Für 14 Personen

Zutaten
130 g Haselnüsse
130 g Mandeln
je 50 g gewürfeltes Orangeat und Zitronat
70 g getrocknete Aprikosen, gehackt
70 g kandierte Ananas, gehackt
abgeriebene Schale von 1 Orange
75 g Weizenmehl
2 EL Kakaopulver
1 TL Zimtpulver
¼ TL gemahlener Koriander
¼ TL frisch geriebene Muskatnuss
¼ TL gemahlene Gewürznelken
125 g Zucker extrafein
250 g Honig
Puderzucker, zum Bestäuben

>1 Den Backofen auf 180 °C vorheizen. Boden und Rand einer Springform (20 cm Ø) mit Backpapier auskleiden.

>2 Die Haselnüsse auf ein Backblech geben und 10 Minuten im Ofen rösten. Dann in ein sauberes Tuch schlagen und vorsichtig reiben, um die Schalen zu lösen.

>3 In der Zwischenzeit die Mandeln auf das Backblech geben und unter ständiger Beobachtung 10 Minuten im Ofen rösten (Mandeln verbrennen schnell).

>4 Die Ofentemperatur auf 150 °C reduzieren. Haselnüsse und Mandeln hacken und mit Orangeat, Zitronat, Aprikosen, Ananas und Orangenschale in einer großen Schüssel sorgfältig mischen.

>5 Mehl, Kakaopulver und die Gewürze darübersieben. Alles sorgfältig vermengen.

>6 Zucker und Honig in einem kleinen Topf bei geringer Hitze unter Rühren schmelzen. Aufkochen und 5 Minuten andicken lassen, bis die Mischung zu bräunen beginnt.

>7 Den Topf vom Herd nehmen und die Nuss-Frucht-Mischung in den Honig rühren.

>8 Die Masse in die vorbereitete Form füllen und die Oberfläche glätten. 1 Stunde im Ofen backen. Dann auf einem Kuchengitter in der Form erkalten lassen. Aus der Form lösen und das Backpapier entfernen.

Vor dem Servieren den Kuchen mit Puderzucker bestäuben und in schmale Stücke schneiden.

Zabaglione

Für 4 Personen

Zutaten
4 Eigelb
75 g Zucker extrafein
5 EL Marsala
Amaretti, zum Servieren

>1 Eigelb und Zucker etwa 1 Minute in einer hitzebeständigen Schüssel schaumig rühren.

>2 Den Marsala langsam untermischen.

Mit Amaretti servieren.

>3 Ins Wasserbad setzen und die Masse 10–15 Minuten kräftig aufschlagen, bis sie schön cremig und luftig ist.

>4 Sofort in Dessertgläser füllen.

Süße Käseravioli mit Honig

Für 4 Personen

Zutaten

200 g italienisches Weizenmehl Type 00 oder Weizenmehl Type 405, plus etwas mehr zum Bestäuben

75 g Zucker extrafein

2 Eier, verquirlt

75 g grob geriebener Pecorino

4 EL Olivenöl

6 EL Blütenhonig

Zimtpulver, zum Bestreuen

>1 Mehl und Zucker in eine Schüssel sieben und eine Vertiefung in die Mitte drücken.

>2 Die Eier hineingießen und mit einer Gabel nach und nach zu einem Teig verarbeiten.

>3 Den Teig auf einer leicht bemehlten Arbeitsfläche kurz durchkneten, bis er glatt ist.

>4 Den Teig etwa 3 mm dick ausrollen. Dann mit einem Ausstecher (8 cm Ø) 24 Kreise ausstechen.

>5 Den Käse auf die Hälfte der Teigkreise verteilen.

>6 Die Teigränder mit Wasser befeuchten. Mit den restlichen Teigkreisen bedecken und an den Rändern zusammendrücken.

>7 Das Öl in einer Pfanne mäßig erhitzen und die Ravioli, gegebenenfalls portionsweise, 1½–2 Minuten von jeder Seite goldbraun braten.

>8 Den Honig in einem kleinen Topf erwärmen und die Ravioli damit beträufeln.

Die Ravioli mit Zimt bestäuben und warm servieren.

Mandel-Polenta-Kuchen

Für 6 Personen

Zutaten
200 g weiche Butter
200 g Zucker extrafein
Saft und fein abgeriebene Schale von 1 kleinen Orange
3 Eier, verquirlt
200 g abgezogene gemahlene Mandeln
250 g Polenta
1 TL Backpulver
Vanilleeis, zum Servieren

>1 Den Backofen auf 180 °C vorheizen. Den Boden einer Kuchenform (24 cm Ø) mit Backpapier auslegen und mit etwas Butter einfetten.

>2 Restliche Butter und Zucker mit dem Handrührgerät cremig rühren.

>3 Orangensaft und -schale, Eier und Mandeln unterrühren. Die Polenta dazugeben und das Mehl darübersieben. Beides sorgfältig einarbeiten.

>4 Den Teig in die vorbereitete Form füllen und die Oberfläche glatt streichen.

>5 Etwa 35–40 Minuten im Ofen goldbraun backen. Aus dem Ofen nehmen und 20 Minuten in der Form abkühlen lassen.

>6 Den Kuchen aus der Form lösen und auf einem Kuchengitter weiter auskühlen lassen.

Den Mandel-Polenta-Kuchen in Stücke schneiden und warm oder kalt mit Eiscreme servieren.

Prosecco-Sorbet mit Weintrauben

Für 4 Personen

Zutaten

150 g Zucker extrafein
150 ml Wasser
1 dünner Streifen Zitronenschale
Saft von 1 Zitrone
375 ml Prosecco
Trauben und frische Minze, zum Garnieren

>1 Zucker, Wasser und Zitronenschale in einen Topf geben.

>2 Bei geringer Hitze rühren, bis sich der Zucker aufgelöst hat. Den Sirup 2–3 Minuten auf die Hälfte einkochen. Abkühlen lassen. Dann die Zitronenschale entfernen.

Mit Trauben und Minze garnieren und sofort servieren.

>3 Den Sirup mit Zitronensaft und Prosecco verrühren und nach Anweisungen des Herstellers in der Eismaschine verarbeiten. Alternativ in einer gefriergeeigneten Form ohne Deckel ins Gefrierfach stellen und jede Stunde umrühren, bis die Masse gefroren ist.

>4 Vor dem Servieren das Sorbet bei Zimmertemperatur etwas antauen lassen. Mit einem Eisportionierer Kugeln formen und in Eisgläser füllen.

Panna cotta mit Gewürzpflaumen

Für 4 Personen

Zutaten
4 Blätter weiße Gelatine
300 ml Milch
250 g Mascarpone
100 g Zucker extrafein
1 Vanillestange, längs aufgeschlitzt

Gewürzpflaumen
8 große Pflaumen, halbiert und entsteint
3 EL Honig
1 Zimtstange
1 dünner Streifen Orangenschale
1 EL Balsamico-Essig

>1 Die Gelatine 10 Minuten in 60 ml Milch einweichen.

>2 Restliche Milch, Mascarpone, Zucker und Vanillestange in einem Topf unter Rühren bei geringer Hitze zum Kochen bringen.

>3 Den Topf vom Herd nehmen. Die Vanillestange auskratzen und das Mark in die Milch geben. Die Gelatine unterrühren und weiterrühren bis sie sich aufgelöst hat.

>4 Die Masse in 4 Förmchen (250 ml) füllen. Abkühlen lassen und dann im Kühlschrank fest werden lassen.

>5 Pflaumen, Honig, Zimtstange, Orangenschale und Essig in einen Topf geben und bei geschlossenem Deckel 10 Minuten bei geringer Hitze garen, bis die Pflaumen weich sind.

>6 Die Förmchen kurz in heißes Wasser tauchen und die Cremes auf Servierteller stürzen.

Die Panna cotta mit den Gewürzpflaumen servieren.

Cassata siciliana

Für 6–8 Personen

Zutaten

400 g Ricotta
180 g Puderzucker
1 TL Orangenblütenwasser
250 g Sahne
je 60 g gehacktes Orangeat und Zitronat
60 g gehackte kandierte Angelika (Engelwurz)
60 g gehackte Belegkirschen
40 g Zartbitterschokolade, gehackt
50 g gehackte Pistazienkerne
kandierte Früchte in Sirup, zum Servieren

>1 Den Ricotta mit einem Holzlöffel durch ein Haarsieb in eine Schüssel streichen.

>2 Puderzucker und Orangenblütenwasser zugeben und alles zu einer glatten Creme rühren.

>3 Die Sahne steif schlagen und unter den Ricotta heben.

>4 In der Eismaschine oder in einem gefriergeeignetem Behälter im Gefrierfach halbfest werden lassen.

>5 Sämtliche kandierten Früchte, Schokolade und Pistazien unterheben.

>6 Die Masse in eine Eisbombe oder eine andere gefriergeeignete Schüssel (1,2 l) füllen und im Gefrierfach fest werden lassen. Für ein leichteres Stürzen 10–15 Minuten bei Zimmertemperatur antauen lassen.

Die Cassata auf einen Servierteller stürzen, in Stücke schneiden und mit kandierten Früchten in Sirup servieren.

Zitronen-Granita

Für 4 Personen

Zutaten
500 ml Wasser
160 g Zucker
250 ml Zitronensaft
fein abgeriebene Schale von 1 Zitrone

>1 Wasser und Zucker in einem schweren Topf bei geringer Hitze rühren, bis der Zucker sich aufgelöst hat. Den Sirup zum Kochen bringen. Den Topf vom Herd nehmen und den Sirup erkalten lassen.

>2 Zitronensaft und -schale in den Sirup rühren.

In Dessertgläser füllen und sofort servieren.

>3 Den Zitronensirup in einen gefriergeeigneten Behälter mit Deckel füllen und 3–4 Stunden tiefkühlen.

>4 Aus dem Gefrierfach nehmen. Den Behälter kurz in heißes Wasser tauchen und den Eisblock auf ein Schneidebrett stürzen. Das Eis grob hacken, dann die Stücke in einem Mixer zu feinen Eiskristallen mixen.

Register

Amaretti: Gefüllte Pfirsiche 180–181
Angelika: Cassata siciliana 216–219
Aprikosen: Panforte di Siena 196–199
Arancini (Sizilianische Reisbällchen) 98–101
Artischockenherzen: Linsen mit Artischocken umbrische Art 154–157
Auberginen
Auberginenauflauf mit Mozzarella 130–133
Caponata 164–167

Basilikum
Auberginenauflauf mit Mozzarella 130–133
Hähnchen-Champignon-Lasagne 108–111
Insalata Caprese 34–35
Kartoffelsuppe mit Pesto 56–59
Makkaroni mit Kichererbsen & Kräutern 76–77
Pizza Margherita 92–95
Schinken-Salami-Salat mit Feigen 16–19
Seeteufelspieße mit Basilikum-mayonnaise 124–127
Blumenkohl: Frittiertes Gemüse mit Balsamico-Dip 140–143
Bohnentopf mit Schweinefleisch 148–149
Brot
Bruschetta mit Pilzen 20–23
Crostini Florentiner Art 46–49
Traditionelle Minestrone 40–43
Brokkoli: Fritto misto mit Balsamico-Dip 140–143
Bruschetta: Bruschetta mit Pilzen 20–23

Cannellini-Bohnen: Traditionelle Minestrone 40–43
Cannelloni mit Spinat & Ricotta 78–81
Caponata 164–167
Cassata siciliana 216–219
Chili
Bohnentopf mit Schweinefleisch 148–149
Geschmorte Ente mit Pancetta, Rosmarin & Oliven 144–147

Desserts
Cassata siciliana 216–219
Feigentörtchen 192–195
Gefüllte Pfirsiche 180–181
Panna cotta mit Gewürzpflaumen 212–215
Pfirsiche mit Limoncello 190–191
Prosecco-Sorbet mit Weintrauben 210–211
Ricottakuchen mit Schokolade & Walnuss 176–179
Süße Käseravioli mit Honig 202–205
Tiramisu172–175
Venezianische Krapfen 186–189
Zabaglione 200–201
Zitronen-Granita 220–221
Dips
Bagna cauda 64–65
Frittiertes Gemüse mit Balsamico-Dip 140–143

Eier
Cantuccini 182–185
Frittiertes Gemüse mit Balsamico-Dip 140–143
Mandel-Polenta-Kuchen 206–209
Ravioli mit Krebsfleisch & Ricotta 88–91
Süße Käseravioli mit Honig 202–205
Tiramisu172–175
Zabaglione 200–201
Zucchini-Frittata 44–45
Ente, Geschmorte, mit Pancetta, Rosmarin & Oliven 144–147
Erbsen: Risotto mit Erbsen & Gorgonzola 86–87

Fenchel
Frittiertes Gemüse mit Balsamico-Dip 140–143
Rucola mit Parmesan & Pinienkernen 50–53
Wolfsbarsch mit Fenchel, Oliven & Thymian 138–139
Fenchelsamen: Gegrillte Polenta mit Fenchel 82–85
Feigen
Feigentörtchen 192–195
Schinken-Salami-Salat mit Feigen 16–19
Fisch & Meeresfrüchte
Gegrillte Thunfischsteaks mit Kapern & Thymian 158–159
Risotto Frutti di Mare 112–115
Ravioli mit Krebsfleisch & Ricotta 88–91
Sardinen mit Pinienkernen & Rosinen 60–63
Seemannstopf 150–153
Seeteufelspieße mit Basilikum-mayonnaise 124–127
Wolfsbarsch mit Fenchel, Oliven & Thymian 138–139
Siehe auch Sardinen; Miesmuscheln

Garnelen: Risotto Frutti di Mare 112–115
Gebäck
Cantuccini 182–185
Feigentörtchen 192–195
Mandel-Polenta-Kuchen 206–209
Panforte di Siena 196–199
Ricottakuchen mit Schokolade & Walnuss 176–179
Gorgonzola: Risotto mit Erbsen & Gorgonzola 86–87
Grüne Bohnen: Weiß-grüner Bohnensalat 26–29
Gruyère: Cannelloni mit Spinat & Ricotta 78–81

Haselnüsse: Panforte di Siena 196–199
Honig
Frittiertes Gemüse mit Balsamico-Dip 140–143
Panforte di Siena 196–199
Panna cotta mit Gewürzpflaumen 212–215
Süße Käseravioli mit Honig 202–205
Hühnchen
Gefüllte Hähnchenbrustfilets mit Parmesankruste 134–137
Hähnchen-Champignon-Lasagne 108–111
Safran-Risotto mit Hühnchen 72–75

Insalata Caprese 34–35

Kaffee: Tiramisu 172–175
Kandierte Früchte
Cassata siciliana 216–219
Panforte di Siena 196–199
Venezianische Krapfen 186–189
Kapern
Caponata 164–167
Crostini Florentiner Art 46–49
Gegrillte Thunfischsteaks mit Kapern & Thymian 158–159
Gnocchi mit Walnuss-Pesto 102–105
Linguine alla Puttanesca 106–107
Karotten
Bohnentopf mit Schweinefleisch 148–149
Crostini Florentiner Art 46–49
Frittiertes Gemüse mit Balsamico-Dip 140–143
Geschmorte Ente mit Pancetta, Rosmarin & Oliven 144–147
Rinderschmortopf in Rotwein 168–169
Tagliatelle mit Ragù 68–71
Traditionelle Minestrone 40–43
Käse: siehe einzelne Sorten
Kartoffeln
Gnocchi mit Walnuss-Pesto 102–105
Kartoffelsuppe mit Pesto 56–59
Kichererbsen: Makkaroni mit Kichererbsen & Kräutern 76–77
Knoblauch
Auberginenauflauf mit Mozzarella 130–133
Bagna cauda 64–65
Bohnentopf mit Schweinefleisch 148–149
Bruschetta mit Pilzen 20–23
Caponata 164–167
Crostini Florentiner Art 46–49
Frische Tomatensuppe mit Pasta 24–25
Gebratene Lammkeule mit Rosmarin & Marsala 160–163
Geschmorte Ente mit Pancetta, Rosmarin & Oliven 144–147
Gnocchi mit Walnuss-Pesto 102–105
Gratinierte Muscheln mit Parmesan & Petersilie 30–33
Grillsteaks mit Tomaten & Knoblauch 128–129
Kartoffelsuppe mit Pesto 56–59
Linguine alla Puttanesca 106–107
Linsen mit Artischocken umbrischer Art 154–157
Makkaroni mit Kichererbsen & Kräutern 76–77

Risotto Frutti di Mare 112–115
Pappardelle mit Tomaten, Rucola & Mozzarella 96–97
Pizza Calzone 116–117
Risotto mit Erbsen & Gorgonzola 86–87
Geröstete Paprika & Tomaten 36–39
Seemannstopf 150–153
Tagliatelle mit Ragù 68–71
Traditionelle Minestrone 40–43
Zucchini-Frittata 44–45
Krebsfleisch: Ravioli mit Krebsfleisch & Ricotta 88–91

Lammkeule, Gebratene, mit Rosmarin & Marsala 160–163
Lasagne: Hähnchen-Champignon-Lasagne 108–111
Leber
Crostini Florentiner Art 46–49
Tagliatelle mit Ragù 68–71
Linsen mit Artischocken umbrischer Art 154–157
Linguine alla Puttanesca 106–107
Löffelbiskuits: Tiramisu 172–175
Lorbeer
Bohnentopf mit Schweinefleisch 148–149
Rinderschmortopf in Rotwein 168–169
Risotto Frutti di Mare 112–115

Makkaroni mit Kichererbsen & Kräutern 76–77
Mandeln
Cantuccini 182–185
Mandel-Polenta-Kuchen 206–209
Panforte di Siena 196–199
Marsala
Gebratene Lammkeule mit Rosmarin & Marsala 160–163
Zabaglione 200–201
Mascarpone
Panna cotta mit Gewürzpflaumen 212–215
Tiramisu172–175
Miesmuscheln
Gratinierte Muscheln mit Parmesan & Petersilie 30–33
Risotto Frutti di Mare 112–115
Minze
Risotto mit Erbsen & Gorgonzola 86–87
Schinken-Salami-Salat mit Feigen 16–19
Mozzarella
Auberginenauflauf mit Mozzarella 130–133
Arancini (Sizilianische Reisbällchen) 98–101
Insalata Caprese 34–35
Pappardelle mit Tomaten, Rucola & Mozzarella 96–97
Pizza Calzone 116–117
Pizza Margherita 92–95

Nüsse: siehe einzelne Sorten

Oliven
Caponata 164–167
Geschmorte Ente mit Pancetta, Rosmarin & Oliven 144–147
Linguine alla Puttanesca 106–107
Pizza Calzone 116–117
Weiß-grüner Bohnensalat 26–29
Wolfsbarsch mit Fenchel, Oliven & Thymian 138–139
Orangen
Mandel-Polenta-Kuchen 206–209
Panforte di Siena 196–199
Panna cotta mit Gewürzpflaumen 212–215
Oregano
Grillsteaks mit Tomaten & Knoblauch 128–129
Makkaroni mit Kichererbsen & Kräutern 76–77
Pizza Calzone 116–117
Tagliatelle mit Ragù 68–71

Pancetta
Geschmorte Ente mit Pancetta, Rosmarin & Oliven 144–147
Hähnchen-Champignon-Lasagne 108–111
Kartoffelsuppe mit Pesto 56–59
Tagliatelle mit Ragù 68–71
Panforte die Siena 196–199
Panna cotta mit Gewürzpflaumen 212–215
Pappardelle mit Tomaten, Rucola & Mozzarella 96–97
Paprika
Geröstete Paprika & Tomaten 36–39
Grillsteaks mit Tomaten & Knoblauch 128–129
Parmesan
Auberginenauflauf mit Mozzarella 130–133
Carpaccio vom Rind 54–55
Gefüllte Hähnchenbrustfilets mit Parmesankruste 134–137
Gnocchi mit Walnuss-Pesto 102–105
Gratinierte Muscheln mit Parmesan & Petersilie 30–33
Hähnchen-Champignon-Lasagne 108–111
Kartoffelsuppe mit Pesto 56–59
Rucola mit Parmesan & Pinienkernen 50–53
Safran-Risotto mit Hühnchen 72–75
Pasta
Cannelloni mit Spinat & Ricotta 78–81
Frische Tomatensuppe mit Pasta 24–25
Hähnchen-Champignon-Lasagne 108–111
Kartoffelsuppe mit Pesto 56–59
Linguine alla Puttanesca 106–107
Makkaroni mit Kichererbsen & Kräutern 76–77
Pappardelle mit Tomaten, Rucola & Mozzarella 96–97
Ravioli mit Krebsfleisch & Ricotta 88–91
Süße Käseravioli mit Honig 202–205
Tagliatelle mit Ragù 68–71
Pecorino
Cannelloni mit Spinat & Ricotta 78–81
Gnocchi mit Walnuss-Pesto 102–105
Süße Käseravioli mit Honig 202–205
Pesto
Gefüllte Hähnchenbrustfilets mit Parmesankruste 134–137
Gnocchi mit Walnuss-Pesto 102–105
Kartoffelsuppe mit Pesto 56–59
Petersilie
Carpaccio vom Rind 54–55
Crostini Florentiner Art 46–49
Gegrillte Polenta mit Fenchel 82–85
Gnocchi mit Walnuss-Pesto 102–105
Gratinierte Muscheln mit Parmesan & Petersilie 30–33
Grillsteaks mit Tomaten & Knoblauch 128–129
Kartoffelsuppe mit Pesto 56–59
Ravioli mit Krebsfleisch & Ricotta 88–91
Sardinen mit Pinienkernen & Rosinen 60–63
Traditionelle Minestrone 40–43
Zucchini-Frittata 44–45
Pfirsiche
Gefüllte Pfirsiche 180–181
Pfirsiche mit Limoncello 190–191
Pflaumen: Panna cotta mit Gewürzpflaumen 212–215
Pilze
Bruschetta mit Pilzen 20–23
Hähnchen-Champignon-Lasagne 108–111
Pinienkerne
Kartoffelsuppe mit Pesto 56–59
Rucola mit Parmesan & Pinienkernen 50–53
Sardinen mit Pinienkernen & Rosinen 60–63
Venezianische Krapfen 186–189
Pistazien: Cassata siciliana 216–219
Pizza
Pizza Calzone 116–117
Pizza Margherita 92–95
Polenta
Gegrillte Polenta mit Fenchel 82–85
Mandel-Polenta-Kuchen 206–209
Porree: Linsen mit Artischocken umbrischer Art 154–157
Prosecco-Sorbet mit Weintrauben 210–211

Ravioli mit Krebsfleisch & Ricotta 88–91
Reis
Arancini (Sizilianische Reisbällchen)98–101
Safran-Risotto mit Hühnchen 72–75

Risotto Frutti di Mare 112–115
Risotto mit Erbsen & Gorgonzola 86–87
Ricotta
Cannelloni mit Spinat & Ricotta 78–81
Cassata siciliana 216–219
Ravioli mit Krebsfleisch & Ricotta 88–91
Ricottakuchen mit Schokolade & Walnuss 176–179
Rindfleisch
Carpaccio vom Rind 54–55
Grillsteaks mit Tomaten & Knoblauch 128–129
Rinderschmortopf in Rotwein 168–169
Tagliatelle mit Ragù 68–71
Risotto Frutti di Mare 112–115
Rosinen
Sardinen mit Pinienkernen & Rosinen 60–63
Venezianische Krapfen 186–189
Rosmarin
Bohnentopf mit Schweinefleisch 148–149
Gebratene Lammkeule mit Rosmarin & Marsala 160–163
Geschmorte Ente mit Pancetta, Rosmarin & Oliven 144–147
Linsen mit Artischocken umbrischer Art 154–157
Rucola
Schinken-Salami-Salat mit Feigen 16–19
Pappardelle mit Tomaten, Rucola & Mozzarella 96–97
Rucola mit Parmesan & Pinienkernen 50–53

Safran-Risotto mit Hühnchen 72–75
Salami: Schinken-Salami-Salat mit Feigen 16–19
Salate
Insalata Caprese 34–35
Rucola mit Parmesan & Pinienkernen 50–53
Schinken-Salami-Salat mit Feigen 16–19
Weiß-grüner Bohnensalat 26–29
Salbei
Gebratene Lammkeule mit Rosmarin & Marsala 160–163
Linsen mit Artischocken umbrischer Art 154–157
Saltimbocca alla Romana 120–123
Saltimbocca alla Romana 120–123
Sardellen
Bagna cauda 64–65
Crostini Florentiner Art 46–49
Linguine alla Puttanesca 106–107
Sardinen mit Pinienkernen & Rosinen 60–63
Schalotten
Auberginenauflauf mit Mozzarella 130–133
Gratinierte Muscheln mit Parmesan & Petersilie 30–33
Schinken
Saltimbocca alla Romana 120–123
Schinken-Salami-Salat mit Feigen 16–19
Schnittlauch: Weiß-grüner Bohnensalat 26–29
Schokolade
Cassata siciliana 216–219
Ricottakuchen mit Schokolade & Walnuss 176–179
Tiramisu172–175
Sellerie
Bohnentopf mit Schweinefleisch 148–149
Caponata 164–167
Crostini Florentiner Art 46–49
Frische Tomatensuppe mit Pasta 24–25
Geschmorte Ente mit Pancetta, Rosmarin & Oliven 144–147
Linsen mit Artischocken umbrischer Art 154–157
Rinderschmortopf in Rotwein 168–169
Seemannstopf 150–153
Tagliatelle mit Ragù 68–71
Traditionelle Minestrone 40–43
Seeteufelspieße mit Basilikum-mayonnaise 124–127
Spinat: Cannelloni mit Spinat & Ricotta 78–81
Suppen
Frische Tomatensuppe mit Pasta 24–25
Kartoffelsuppe mit Pesto 56–59
Traditionelle Minestrone 40–43

Tagliatelle mit Ragù 68–71
Thunfischsteaks, Gegrillte, mit Kapern & Thymian 158–159
Thymian
Bohnentopf mit Schweinefleisch 148–149
Gegrillte Thunfischsteaks mit Kapern & Thymian 158–159
Geröstete Paprika & Tomaten 36–39
Seemannstopf 150–153
Wolfsbarsch mit Fenchel, Oliven & Thymian 138–139
Tintenfisch
Risotto Frutti di Mare 112–115
Seemannstopf 150–153
Tiramisu 172–175
Tomaten
Auberginenauflauf mit Mozzarella 130–133
Caponata 164–167
Frische Tomatensuppe mit Pasta 24–25
Geröstete Paprika & Tomaten 36–39
Geschmorte Ente mit Pancetta, Rosmarin & Oliven 144–147
Grillsteaks mit Tomaten & Knoblauch 128–129
Hähnchen-Champignon-Lasagne 108–111
Insalata Caprese 34–35
Linguine alla Puttanesca 106–107
Linsen mit Artischocken umbrischer Art 154–157
Makkaroni mit Kichererbsen & Kräutern 76–77
Pappardelle mit Tomaten, Rucola & Mozzarella 96–97
Pizza Calzone 116–117
Pizza Margherita 92–95
Seemannstopf 150–153
Tagliatelle mit Ragù 68–71
Traditionelle Minestrone 40–43
Trauben: Prosecco-Sorbet mit Weintrauben 210–211

Venezianische Krapfen 186–189
Venusmuscheln: Seemannstopf 150–153

Walnüsse: Gnocchi mit Walnuss-Pesto 102–105
Wolfsbarsch mit Fenchel, Oliven & Thymian 138–139

Zabaglione 200–201
Zimt
Cantuccini 182–185
Feigentörtchen 192–195
Panforte di Siena 196–199
Panna cotta mit Gewürzpflaumen 212–215
Pfirsiche mit Limoncello 190–191
Rinderschmortopf in Rotwein 168–169
Zitronen
Carpaccio vom Rind 54–55
Gefüllte Hähnchenbrustfilets mit Parmesankruste 134–137
Gegrillte Thunfischsteaks mit Kapern & Thymian 158–159
Gratinierte Muscheln mit Parmesan & Petersilie 30–33
Prosecco-Sorbet mit Weintrauben 210–211
Saltimbocca alla Romana 120–123
Sardinen mit Pinienkernen & Rosinen 60–63
Seeteufelspieße mit Basilikum-mayonnaise 124–127
Venezianische Krapfen 186–189
Wolfsbarsch mit Fenchel, Oliven & Thymian 138–139
Zitronen-Granita 220–221
Zucchini
Frittiertes Gemüse mit Balsamico-Dip 140–143
Zucchini-Frittata 44–45
Zwiebeln, rote
Caponata 164–167
Grillsteaks mit Tomaten & Knoblauch 128–129
Pizza Calzone 116–117
Sardinen mit Pinienkernen & Rosinen 60–63
Seeteufelspieße mit Basilikum-mayonnaise 124–127
Traditionelle Minestrone 40–43
Weiß-grüner Bohnensalat 26–29
Zucchini-Frittata 44